Herausgegeben von Dietrich Steinbach

Gertrud Schänzlin:

Kurzprosa seit 1970

Bundesrepublik Deutschland Österreich Schweiz

Ernst Klett Schulbuchverlag
Stuttgart Düsseldorf Berlin Leipzig

Anregungen für den Literaturunterricht
Pegasus Klett

Gertrud Schänzlin
Kurzprosa seit 1970. Bundesrepublik Deutschland, Österreich, Schweiz

Textausgabe in der Reihe ‚Editionen', nach der zitiert wird:
Kurzprosa der Gegenwart. Bundesrepublik Deutschland, Österreich, Schweiz. Stuttgart 1991. Klettbuch 35204.

Die Deutsche Bibliothek – CIP-Einheitsaufnahme

Schänzlin, Gertrud:
Kurzprosa seit 1970 : Bundesrepublik Deutschland, Österreich, Schweiz / Gertrud Schänzlin. –1. Aufl. – Stuttgart : Klett-Schulbuchverl., 1993.
  (Anregungen für den Literaturunterricht) (Pegasus Klett)
  ISBN 3-12-399280-2

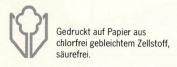
Gedruckt auf Papier aus chlorfrei gebleichtem Zellstoff, säurefrei.

1. Auflage I ⁵ ⁴ ³ ² ¹ | 1997 96 95 94 93
Die letzte Zahl bezeichnet das Jahr dieses Druckes.
© Ernst Klett Schulbuchverlag GmbH, Stuttgart 1993.
Alle Rechte vorbehalten.
Satz: Bibliomania GmbH, Frankfurt am Main
Druck: Stuttgarter Druckerei GmbH, S-Vaihingen
ISBN 3-12-399280-2

Inhaltsverzeichnis

1	**Erzählliteratur als Spiegel der Zeit**	4
	Tendenzen der zeitgenössischen deutschsprachigen Literatur: Neue Subjektivität und Postmoderne	4
2	**Interpretationsansätze**	8
	Exemplarische Vorschläge für unterschiedliche Zugänge	8
	Thomas Bernhard: Mildtätig	8
	Bettina Blumenberg: Gespräch	9
	Gisela Elsner: Die Mietserhöhung	11
	Marie Luise Kaschnitz: Drohbrief	13
	Sarah Kirsch: Auf dem Deich · Vineta	15
	Angelika Mechtel: Netter Nachmittag	17
	Hans Joachim Schädlich: Am frühen Abend	19
	Gerold Späth: Hermann Ehrler · Johann Heinrich Allemann	20
3	**Thematische Reihen**	23
	Anregungen für Unterrichtssequenzen	23
3.1	Verhaltensweisen: Charakterbilder	23
	Gerold Späth: Commedia	23
	Jurek Becker: [Personen]	25
	Rudolf Otto Wiemer: Frühzug	26
	Urs Widmer: Buchhändler! Lokomotivführer!	27
	Peter Bichsel: Wege zum Fleiß	27
	Erich Fried: Der junge Baum	28
	Peter Handke: [26. März/27. März]	29
3.2	Beziehungen: Nebeneinander/Miteinander/Gegeneinander	30
	Franz Hohler: Die drei Beobachter	30
	Ludwig Fels: Das Haus · Bekanntschaften	31
	Brigitte Kronauer: Der Kontrolleur	32
	Gabriele Wohmann: Wer kommt in mein Häuschen	33
	Mögliche Ausweitung und Ergänzung	34
3.3	Herausforderungen: Angst	34
	Peter Handke: Eine Zwischenbemerkung über die Angst	34
	Jurek Becker: Das Bild	35
	Peter Härtling: Der wiederholte Unfall oder die Fortsetzung eines Unglücks	36
	Günter Kunert: Lieferung frei Haus	38
	H. C. Artmann: Auftritt eines rowdys	40
	Erweiterungsmöglichkeiten	41
	Kurt Marti: Meine Angst läßt grüßen	41
3.4	Realitätsverlust: Fluchtversuche	41
	Adolf Muschg: Vorübergegangen und davongekommen	41
	Angelika Mechtel: Marthas kleine Reise	43
	Klaus Stiller: Amerika!	44

> Kurze Prosa ist Preßluft,
> heftig und sehr angestrengt gearbeitet.
> (Irmtraud Morgner:
> Leben und Abenteuer der Trobadora Beatrix)

1 Erzählliteratur als Spiegel der Zeit

**Tendenzen der zeitgenössischen deutschsprachigen Literatur:
Neue Subjektivität und Postmoderne**

Künstler beobachten, registrieren, verdichten und gestalten Erscheinungen der sie umgebenden Welt. Die Literatur gilt vorrangig als sensibler Seismograph für gesellschaftliche Bewegungen und Veränderungen. Sie wartet nicht auf sichere historische Distanz, sondern reagiert unmittelbar auf Tendenzen der Gegenwart, um sie – naiv oder reflexiv – wiederzugeben oder sich ihnen zu widersetzen.

Dabei mag der betroffene Zeitgenosse durchaus als gewaltigen Pendelschlag, gar als revolutionären Umbruch empfinden, was der Historiograph in der Rückschau als konsequente Entwicklung beurteilt. Auch der umgekehrte Fall ist denkbar (Wirtschaftswunder – Rezession; öffentliches Engagement – Rückzug in die 'Innerlichkeit'; Fortschrittsglaube und Zukunftsoptimismus – Resignation und Lebensangst).

Weil (auch namhafte) Literaten auf die Jugendrevolte der späten 60er Jahre in der Weise reagierten, daß sie ihre Werke fast bedingungslos in den Dienst der oppositionellen Sache stellten, entstand in der Tat der Eindruck einer 'Trendwende', als ab 1972 eine Fülle von Büchern erschien, die sich auf die Darstellung einer persönlichen Lebensgeschichte, häufig die Lebensgeschichte des erzählenden Ichs, konzentrierten. Kritiker befürchteten die Dominanz einer Literatur, „die ihren Austausch mit den Impulsen einer zeitgenössischen Wirklichkeit aufkündigt, um sich mit Nostalgie und Kunstfertigkeit der Schmerzlust eines langen Abschieds hinzugeben".[1]

Richtig ist wohl, daß die deutschsprachige Literatur nach 1970 weniger die Gesellschaft als Ganzes thematisiert, sondern eher die (vornehmlich negativen) Erfahrungen einzelner. Die Auseinandersetzung mit persönlichem Leiden und Versagen ist freilich nicht unbedingt gleichzusetzen mit 'Nostalgie' und 'Schmerzlust', sie ist eine Beschreibung zeittypischer subjektiver Wahrnehmung. Der Schriftsteller zeigt Wirklichkeit oder Wahrheit im Bewußtsein des erkennenden Subjekts, nicht im flüchtigen Objekt.[2] Eine (schein-)objektive Bestandsaufnahme allgemeiner gesellschaftlicher und politischer Erscheinungen entspricht nicht mehr den veränderten Bedingungen und Bedürfnissen.

„Also was die siebziger Jahre betrifft,
  kann ich mich kurz fassen.
  ...
  Daß irgendwer ihrer mit Nachsicht gedächte
  wäre zuviel verlangt".[3]

---

(1) Frank Schirrmacher in der FAZ. Zitiert nach: Hubert Winkels: Im Schatten des Lebens. Eine Antwort an die Verächter und die Verteidiger der Gegenwartsliteratur. In: DIE ZEIT vom 2. 3. 1990.
(2) Vgl. Peter Wapnewski: Zumutungen. Essays zur Literatur des 20. Jahrhunderts. Düsseldorf 1979, S. 192.
(3) Hans Magnus Enzensberger: Andenken. In: Die Furie des Verschwindens. Frankfurt a. M. 1980.

Subjektivitätsgewinn muß nicht gleichbedeutend sein mit Realitäts- oder Orientierungsverlust. Die historische und politische Wirklichkeit wird ja nicht ausgespart, nur folgt deren Betrachtung individuellen Interessen und Motivationen, setzt ein hohes Maß von Selbstreflexion und Selbstvergewisserung voraus. Die Texte, die man der 'Neuen Subjektivität' zuordnet, wären unberechtigt abqualifiziert, wenn man sie pauschal nur als narzißtische Spiegelung individueller Befindlichkeiten werten wollte. Vielmehr sind soziale Zwänge, Alltagskatastrophen und weltweite Krisen sehr bewußt – allerdings aus subjektiver Sicht – mit einbezogen, so daß die persönliche Existenz durchaus im gesellschaftlichen Rahmen erfahren und reflektiert wird.

Wenn 'Individualität' und 'Identität' zum herausragenden Thema auch der erzählenden Literatur wurden, so ist dies zum einen zu verstehen als Reaktion auf das intensive politische Engagement der 60er Jahre, zum anderen als Reaktion auf und gegen die Prozesse in der 'modernen' industrialisierten Welt, gegen Rationalisierung und Entmythisierung, gegen Technikgläubigkeit und Bürokratismus.

Hier zeigen sich, auch wenn von einer neuerlichen Trendwende gesprochen wird, Berührungspunkte und Übereinstimmungen zwischen der Literatur der 70er Jahre und der sogenannten 'Postmoderne'. Dieser Begriff, so umstritten er auch ist, impliziert jedenfalls eine Distanzierung zur 'Moderne' mit ihren oben genannten typischen Erscheinungsformen. Die 'postmoderne' Literatur erschafft hierzu gleichsam eine 'mystische Gegenkultur', sie kritisiert den ungebrochenen Glauben an Vernunft, Zivilisation und Fortschritt und sympathisiert mit Bereichen, die die moderne Konvention 'diszipliniert' hat.[4]

Dies sind im wesentlichen die Bereiche, die auch schon Romantiker und Surrealisten in den Mittelpunkt ihrer Werke gestellt haben.

Die dichterische Gestaltung von Träumen und wahnsinnigen Ideen ergibt heute, als Gegenentwurf zu Verhärtung, Konsum und Leistungsorientierung in der Wirklichkeit, entweder beschaulich-schöne Geschichten, deren Anachronismus aber nicht überdeckt, sondern bewußt vorgeführt wird, oder eine Art apokalyptischer 'Katastrophenliteratur', die die Auf- und Ablösung der verheerenden realen Gegenwart in phantastischen Bildern ausmalt.

Damit beweisen die 'postmodernen' Autoren – scheinbar paradox – entschiedene Anteilnahme an gegenwärtigen Mißständen und drohenden Gefahren. Daß die Literatur der 80er Jahre dennoch als entpolitisiert, realitätsabgewandt und deshalb rückschrittlich beurteilt wird, beruht wohl z.T. auf der ganz offensichtlichen Aufwertung der ästhetischen Qualität. In literaturwissenschaftlichen Aufsätzen als „veränderte Erzählweise", „ästhetischer Neubeginn", „wiedererstarkter Glaube an die Kraft der Poesie", „gesteigertes Formbewußtsein" oder „feierlicher Rückgriff auf alte Formen" apostrophiert und entsprechend unterschiedlich gewertet, darf die bewußte und reflektierte sprachliche Formung und Verdichtung als Merkmal der 'postmodernen' Literatur gelten, die sich darin auch von einigen Texten der 'Neuen Subjektivität' abhebt. Hubert Winkels ist überzeugt, „daß es selten ein Jahrzehnt gegeben hat, in dem so viele gute, sprachbewußte und reflexiv durchgestaltete Texte geschrieben worden sind".[5]

Die Besinnung auf ästhetische Reize und poetische Potenz ermöglicht eine Darstellung an der Grenze des Darstellbaren, ein Spiel mit Mehrdeutigkeiten und Bedeutungsvarianten, ein Spiel also auch mit dem Leser. Tradierte Grenzziehungen werden ästhetisch

---

(4) Vgl. Thomas Anz: Im Zeichen der Postmoderne. In: Mitteilungen des Deutschen Germanistenverbandes, 2/1990, S. 4ff.
(5) Hubert Winkels (Anm. 1).

verwischt, z. B. zwischen Gattungen und Genres, zwischen Autor und Erzähler, zwischen Mimesis und Phantasie. Anders als in den 70er Jahren, als für viele Texte der dokumentarische Gestus das bestimmende Prinzip war, zeigt sich die postmoderne Literatur als Äquivalent einer philosophischen Postmoderne, die die subjektzentrierte Vernunft kritisch analysiert und eher skeptisch beurteilt.

Vereinfachend und sehr pauschal gesagt, wird die Dominanz der Selbstdarstellung, der subjektiv-reflexiven Sehweise erlebter Wirklichkeit abgelöst durch eine poetische Wahrnehmungserweiterung und ein entgrenztes Geschichtsverständnis. Eine einheitliche Zielrichtung der Texte kann es deshalb nicht geben, die Spannbreite reicht vom optimistischen Grundton aufklärerischer Tradition bis zu radikalem Pessimismus, vom moralischen Anspruch bis zur 'Karnevalisierung der Welt'.

Schriftstellern kann es gelingen, das zu formulieren, was ihre zeitgenössischen Leser unausgesprochen empfinden: „Ich schreibe etwas auf über die Welt, und das meint: Ich denke über ihren Sinn nach. [...] Ich mache meine Erfahrungen und fixiere sie. Wahrscheinlich unterscheiden sich meine Erfahrungen gar nicht so sehr von denen anderer Menschen. [...] Als Stellvertreter für andere schreibe ich meine Erfahrungen auf."[6]

Das bedeutet gerade nicht, daß sich die Autoren als Vermittler gängiger systemkonformer Meinungen vereinnahmen lassen: „Erzählen ist langweilig, wenn die Integration fehlt, die Unbestechlichkeit. Erzählen kann nicht, wer sich danach richtet, was andere gerne hören wollen, irgendwelchen Zwecken dienen will oder die berühmten guten Absichten hat. In diesem Zusammenhang ist 'Widerstand' ein sehr kostbares Wort."[7]

Nicolas Born sieht die Aufgabe der Literatur in der „utopischen Dimension", auch Günter Grass möchte „den Realismusbegriff erweitern, das Einbeziehen des Unterbewußtseins, der Phantasie, des Phantastischen".

Die erzählende Literatur der Gegenwart will also die Auseinandersetzung mit ihrer Zeit provozieren und fördern, doch „schwer trägt die Literatur am Gewicht der Welt, weil ihr Anteil daran sinkt".[8]

Schriftstellertagungen etwa haben im öffentlichen Interesse einen recht geringen Stellenwert, selbst wenn das Thema „Literaten gegen atomare Bedrohung" heißt.[9]

Die aktuelle gesellschaftliche Funktion der Literatur scheint geschwunden. Wichtige und gute neue Bücher verdanken ihren Platz auf der Bestsellerliste meist der Unterstützung durch andere Medien. Mit „Geschichten für zwischendurch", so die These in einer Zeitschrift für den Deutschunterricht, könne wieder Interesse am Literaturbetrieb geweckt werden. „Unter heutigen Bedingungen der Schnellebigkeit" lasse sich nur über die Rezeption kurzer Texte, literarischer „Appetithäppchen", „ein größeres Lesepublikum herstellen", wenn der Zeitgenosse „mitten in der Alltagshetze" über einen poetisch gestalteten „Spot" ins Nachdenken verfalle.[10]

Daß es sich bei moderner Kurzprosa durchweg um einen literarischen „Schnellimbiß"[10] handele, darf bezweifelt werden. Irmtraud Morgners Titelheldin (vgl. hier S. 4, Motto) hat erfahren, daß ihr das Gestalten kurzer Texte mehr Arbeit und Anstrengung abnötigt

---

(6) Klaus B. Harms: Im Erzählen wohnt der Widerstand. (Ein Interview mit Sten Nadolny.) In: Stuttgarter Nachrichten vom 8. 10. 1991.
(7) Peter Rosei: Literatur als Kunst. In: Markus Krause/Stephan Speicher (Hrsg.): Absichten und Einsichten. Texte zum Selbstverständnis zeitgenössischer Autoren. Stuttgart 1990, S. 280.
(8) Hubert Winkels (Anm. 1).
(9) Gemeinsamer Schriftstellerkongreß BRD/DDR, initiiert von Stephan Hermlin 1981.
(10) In: deutsch betrifft uns, Heft 3/1992. S. 1. „Geschichten für zwischendurch. Von der traditionellen gebundenen zur modernen ungebundenen Kurzprosa."

als das Verfassen ausladender Geschichten. In 'kurzer' Prosa müssen Inhalte verknappt, Erzählerkommentare weitgehend ausgespart und dennoch persönliche Ansichten oder Anliegen übermittelt werden.
Die Autoren reduzieren ihre 'Geschichten', bis nur noch lapidare Sätze, oft assoziativ gereiht, übrigbleiben. In Bruchstücken wird ein Abbild der Welt geboten, naiv wiedergegeben oder ins Parabelhafte gewendet.
Die Erscheinungsformen sind dabei sehr vielfältig, traditionelle Textgattungen nur noch gelegentlich als Vorbilder aufzuspüren. Bezeichnungen wie 'Prosaskizzen' oder 'Kürzestgeschichten' oder, etwas salopp, 'Romane in Pillenform' zeigen an, daß es außer 'kurz' und 'prosaisch' kein bestimmendes Merkmal gibt. (Dabei muß man 'Kürze' als relativen Maßstab sehen, und es ist durchaus umstritten, ob nicht auch Prosa-Gedichte zur Kurzprosa zu rechnen sind.)
So wenig, wie sich eine einheitliche Formkategorie finden läßt, läßt sich ein vorherrschendes Thema benennen: Grundsätzlich wird nichts ausgespart, was in unserer Welt erfahrbar oder auch nur denkbar ist.
Nur recht selten handelt es sich bei moderner Kurzprosa um 'Verständigungstexte', in denen der Leser sich auf Anhieb mit dem Autor oder dem Erzähler 'versteht' und die mitgeteilten Empfindungen und Gedanken sofort als seine eigenen erkennt. Zum einen bedeutet Zeitgenossenschaft noch nicht gleiches Welt- und Selbstverständnis, zum anderen verlangen die gepreßten, oft konstruierten und rhetorisch gestalteten Sätze auch dem Rezipienten mehr Arbeit und Anstrengung ab als episch breite Darstellungen. Einen Lesegenuß sieht Peter Wapnewski erst als „Resultat von Mühewaltung und beharrlichem Werben".[11]
Sten Nadolny, über seine Einschätzung der Gegenwartsliteratur befragt, macht mit seinem persönlichen Bekenntnis Lehrenden und Lernenden Hoffnung, daß sich die „Mühewaltung" lohnt: „Ich sehe da eine große, geheimnisvolle und dunkle Welt, in der ich gerne spazierengehe."[12]

---

(11) Peter Wapnewski (Anm. 2), S. 9.
(12) Sten Nadolny (Anm. 6, s. Harms).

2 Interpretationsansätze

Exemplarische Vorschläge für unterschiedliche Zugänge

Thomas Bernhard: Mildtätig (S. 19)

Der Text berichtet von zwei Ereignissen oder Taten, deren Abfolge völlig unlogisch erscheint: Eine alte Dame nimmt einen türkischen Mann bei sich auf und versorgt ihn; der Türke bringt die alte Dame um.
Noch rätselhafter wird die Geschichte dadurch, daß für beide Taten dasselbe Motiv angegeben wird, nämlich „Mildtätigkeit". Eine mögliche Lösung bietet der erste Satz: Die alte Dame „war [...] zu [!] weit gegangen." Wenn diese Formulierung als Erklärung dienen soll, dann muß die zweite Tat als Konsequenz der ersten verstanden werden, als Strafe oder Rache gleichsam.
Die edlen Motive der alten Dame stehen zunächst außer Zweifel: Sie bietet einem Fremden, der keine sichere Bleibe hat, Unterkunft in ihrem Haus, und der Mann ist dankbar dafür. Stutzig macht den Leser die einschränkende Beschreibung dieser Dankbarkeit: Sie besteht „anfänglich", und sie bezieht sich auf die „Tatsache", daß der Türke aus einer vom Abbruch bedrohten Hütte in ein festes Haus ziehen darf. Wann oder wodurch ändert sich nun die „anfängliche" Haltung des Mannes, wie kommt der Erzähler zu seiner kritisch wertenden Anmerkung?
Die Aktivitäten der alten Dame werden sachlich knapp aufgezählt: Sie läßt den Türken in ihrem Haus leben, sie läßt ihn als Gärtner arbeiten, kleidet ihn neu ein und „verhätschelt" ihn, was wohl so zu verstehen ist, daß sie ihm nicht nur die Sorgen für seine materielle Existenz abnimmt, sondern ihn mit zusätzlichen Aufmerksamkeiten verwöhnt. Die Wohnung nimmt der arme Fremde, wie ja ausdrücklich vermerkt ist, dankbar an. Demnach müssen es die nachfolgenden Auswirkungen der „Mildtätigkeit" sein, die ihn zum Mörder werden lassen.
Offensichtlich haben Arbeit, Kleidung und Zuwendung für den Empfangenden eine andere Qualität als für die Spenderin. Daß der Türke eine Unterkunft braucht, ist sicher. Ob er auch eine Arbeit braucht oder die Gartenpflege nur aus Höflichkeit oder Dankbarkeit übernimmt, bleibt offen. Gegen die Annahme, daß die neue Tätigkeit ihn befriedigt, spricht die Formulierung, er habe sich „nützlich gemacht" – nützlich gemacht für eine Frau mit Hilfe einer Arbeit, die in seiner Heimat vermutlich nur von Frauen geleistet wird. Indem ihn die alte Dame auch noch „neu", d. h. also gegen Gewohnheit und Tradition, einkleidet und ihn umsorgt, erlebt er sich als Empfänger von 'Wohltaten', die ihm nicht wohltun können.
Nach diesem Verständnis tötet der Mann nicht die Wohltäterin eines „armen Türken", der auf fremde Hilfe angewiesen ist, sondern er beendet eine falsche, für ihn unerträgliche Entwicklung, ein 'tödliches' Mißverständnis, und er bekennt sich offen dazu.
Die Gerichtskommission kann selbst kein Tatmotiv finden, deshalb fragt sie den Täter. Die Antwort „aus Mildtätigkeit", die ohne Zögern erfolgt, wird der Kommission bei der Beurteilung des Verbrechens aber kaum helfen.
Im Geständnis des Türken steht „Mildtätigkeit" ohne Objektbezug. Gegen wen wollte der Täter mildtätig sein? Die uneingeweihte Kommission und der eingeweihte Leser müssen zunächst an die alte Dame denken und werden die Aussage entweder ehrlich-

naiv oder zynisch verstehen. Für die erstere Annahme spricht wenig, denn die alte Dame schien ja gerne zu leben und nicht etwa von einer schrecklichen Zukunft bedroht zu sein. Nach der anderen Deutung vergilt der Türke Gleiches mit Gleichem: Die Mildtätigkeit der alten Dame 'erwürgt' die Identität des Umsorgten, also erwürgt er die Wohltäterin, allerdings im wörtlichen Sinne.
„Mildtätigkeit", kursiv gedruckt, erscheint so als abschließende Pointe. Nimmt man die anderen kursiv gesetzten Ausdrücke hinzu, dann ergibt sich, im Stil einer reißerischen Schlagzeile: EINEN ARMEN TÜRKEN ERWÜRGT AUS MILDTÄTIGKEIT.
Ist dies die 'schiefe', die indirekte Mitteilung des Textes, die der gerade gedruckten Aussage entgegensteht, sie umkehrt? Die beiden anderen Geschichten von Thomas Bernhard, ‚Innerer Zwang' und ‚Umgekehrt', könnten diesen Deutungsansatz unterstützen. Auch hier werden Situationen beschrieben, die Erwartung und Erfahrung zuwiderlaufen: Feuerwehrleute, zur Rettung angetreten, ziehen im entscheidenden Moment das rettende Sprungtuch zurück, und Affen, hinter Gittern um Futter bettelnd, füttern ihrerseits Zoobesucher.
Der Autor Thomas Bernhard, der von sich sagt, er sei „der typische Geschichtenzerstörer" (Editionen, S. 113), führt und verführt seinen Leser in eine realistische, glaubhafte Geschichte, um ihn dann mit einer unerwarteten Wendung allein zu lassen. Er schreibt im Stil einer Zeitungsreportage, sein 'Reporter' oder Erzähler unterstreicht die Glaubwürdigkeit seines Berichts mit einem Hinweis auf seine persönliche Beziehung zum Ort oder zu der Hauptperson des Geschehens. In der Geschichte von der alten Dame, die in ihrer Mildtätigkeit zu weit ging, ist auffallend, daß der Erzähler erst im letzten Satz zum Präteritum als Erzähltempus greift. Alles, was der Benennung des Tatmotivs, der pointierten Bestätigung der Überschrift vorangeht, erscheint durch die Verwendung des Plusquamperfekts als vorzeitiges Geschehen, als Vorbereitung des Wesentlichen.
Eine Aussage von Günther Nenning scheint in diesem Zusammenhang bedenkenswert: „Der Dichter schreibt nicht nach der Wirklichkeit, sondern vor ihr. Die Wirklichkeit, ihm nachhatschend, wird so, wie er sie beschrieben hat."[13]
Seit Thomas Bernhards ‚Stimmenimitator' erschienen ist, wurde viel „Mildtätigkeit" im Sinne des mit geradestehenden Buchstaben gedruckten Wortes geübt, nicht nur im privaten Bereich. Also kann uns der Text angst machen, uns warnen vor der Vergeltung in Form einer „Mildtätigkeit", wie sie das kursiv gedruckte Wort meint.
Thomas Bernhard schrieb Leidensgeschichten, die gefährlich werden, weil sie das zufällige Unglück notwendig, den jeweiligen Mord oder Selbstmord unumgänglich werden lassen.[13]

Bettina Blumenberg: Gespräch (S. 23 f.)

Wesentlich für das Verständnis und die Interpretation dieses Textes ist die Deutung der Überschrift. Handelt es sich
a) um ein 'richtiges' Gespräch, von dem nur die Äußerungen eines Gesprächspartners wiedergegeben werden?
b) um ein eindimensionales Gespräch, bei dem der Partner sich nicht äußern will oder kann?

---

(13) Günther Nenning: Der Übertreiber wird übertrieben. Notizen zu einer Thomas-Bernhard-Ausstellung in Wien. In: DIE ZEIT v. 13. 3. 1992.
(13) Siehe den Klappentext zu: ‚Der Stimmenimitator'. Frankfurt a. M. 1978 (st 1473, 1987).

c) um ein simuliertes Gespräch, also ein Selbstgespräch, das als Kommunikationsersatz geführt wird?
d) um einen ohne Anführungszeichen wiedergegebenen Dialog, den der Leser zwei (oder mehreren) Gesprächspartnern zuordnen muß?

Der Vorschlag für die Lesart d) kommt nicht von erfahrenen Interpreten, sondern von unbefangenen jungen Lesern. Ihr Versuch, die Sätze auf verschiedene Sprecher zu verteilen, ist spannend, aber letztlich erfolglos, da ohne Eingriffe in den Text keine befriedigende Lösung gefunden werden kann. Man muß also davon ausgehen, daß der Text ‚Gespräch' nur eine sprechende Person zitiert.

Auch die Variante c) ist nicht durch eine publizierte Interpretation gestützt, sondern in Diskussionen im Anschluß an die erste Begegnung mit dem Text entwickelt worden. Dieses Textverständnis impliziert einen resignativ-melancholischen Grundtenor, sieht im sprechenden Ich eine Person, die unter dem Defizit sozialer Kontakte leidet und Ersatzlösungen sucht. Auf die Darstellung von 'Ersatzbefriedigungen' reagiert das (Lese-)Publikum ablehnend, irritiert, betroffen oder peinlich berührt.

Die Deutungsansätze a) und b) unterscheiden sich nicht wesentlich, da die für die Lesart a) zu rekonstruierenden Gesprächsanteile den monologischen Charakter des Gesprächs offensichtlich nicht beeinflussen.

Die sprechende Person reißt zwischen Begrüßung und Verabschiedung gängige Konversationsthemen an, assoziativ aneinandergereiht und aus egoistischer Perspektive dargestellt. Die konventionellen Angebote – abzulegen, zu rauchen, zu trinken – erfolgen halbherzig, vor ihrer Annahme wird eher gewarnt. Ob der Besucher deswegen aufbricht, verunsichert oder verärgert ist, läßt sich nicht mit Bestimmtheit sagen, jedenfalls hat er keine Gelegenheit bekommen oder gesucht, in das „Gespräch" aktiv einzugreifen.

Eine erste inhaltlich-strukturelle Analyse ergibt etwa folgendes Bild:

Gesprächspartner A	Gesprächsthemen	Gesprächspartner B
Begrüßung		(Kommen)
	Temperatur	
Angebot:	Wetter	
Ablegen	Aussicht	
↓	Umgebung	
	Einkäufe	
Angebot:		
Rauchen		
↓	Umweltverschmutzung	
Angebot:		
Trinken		
↓		
Verabschiedung		(Gehen)

Interpretationswege können geöffnet werden über die Betrachtung sprachlicher Auffälligkeiten:
– Auffällig sind beispielsweise die formelhaften Wendungen im ersten und letzten Satz, die zeigen, daß das Gespräch ohne persönliche, individuelle Anteilnahme stattfindet.
– Auffällig ist die Häufung von Konjunktionen und Adverbien, die eine logische Kette vortäuschen sollen, wo nur assoziative Sprünge gemacht werden.
– Besonders auffällig ist die Dominanz der ersten Person. Das „Ich" beherrscht die Sätze, auch wenn dies mit unpersönlichen Pronomina kaschiert wird. Nur in den ritualisierten Höflichkeitssätzen erscheint die angesprochene Person als Subjekt („Möchten *Sie* etwas trinken?").

All diese Erscheinungen sind als sprachliche Signale zu werten. Sie signalisieren ein egoistisches oder egozentrisches Verhalten, das freilich sehr unterschiedliche Ursachen haben, möglicherweise durch Vereinsamung, als Selbsterhaltungsmechanismus, entstanden sein kann.

Dies zu bedenken und zu werten, bleibt dem Leser überlassen. Er ist aufgefordert, sich das „Gespräch" sowie dessen Vor- und Nachgeschichte konkret vorzustellen und auszumalen.[14]

‚Gespräch' ist Bettina Blumenbergs Textsammlung ‚Angriffe' entnommen, wo es dem Kapitel ‚Zuwendungen' eingegliedert ist. Man ist geneigt, die beiden Überschriften ironisch zu verstehen. Jedenfalls gibt der literarische Kontext wenig Interpretationshilfe.

Nach sorgfältiger Textanalyse läßt sich aber immerhin die erste Strukturskizze etwas differenzieren und abstrahieren:

Gesprächspartner A		Gesprächs-themen	Gesprächspartner B	
formelhafte Wendungen konventionelle Angebote 'keine echte Zuwendung' ↑ URSACHEN?		Inhalt: Banalitäten Allgemeinplätze Form: apodiktische Aussagen	Abbruch des Gesprächs/ Besuchs 'keine Zuwendung' ↑ URSACHEN?	
mangelnde Fähigkeit Vereinsamung soziale Not	mangelnde Bereitschaft Arroganz Desinteresse Egoismus		Enttäuschung falsche Erwartung eigene Passivität	mangelnde Bereitschaft Desinteresse Egoismus
↓	↓	↓	↓	↓
		GESCHEITERTES GESPRÄCH		

Die vier Ursachenstränge für das Scheitern des Gesprächs lassen sich beliebig kombinieren. Für jeden 'Modellfall' können dann auch positive Alternativen oder Varianten entwickelt werden, indem jeweils eine Person 'umgestaltet' wird.

Gisela Elsner: Die Mietserhöhung (S. 25 ff.)

Titel und Ausgangssituation lassen eine Geschichte erwarten, die an das soziale Mitgefühl, das Mitleid des Lesers appelliert: Ein Rentnerehepaar muß nach fünfzehn Jahren seine Wohnung in einem Altbau verlassen, weil es die erhöhte Miete nicht mehr bezahlen kann.

Die Geschichte beginnt, als die für „die Leibolds" unbezahlbar gewordene Wohnung bereits ausgeräumt ist – nur noch zwei Kisten müssen im Möbelwagen verstaut werden –, und sie endet, als Frau Leibold, noch in Hut und Mantel, aus dem Fenster ihres neuen „Appartements" auf die Straße schaut und ihr Mann die Namensschilder austauscht.

Das äußere Geschehen ist für den Beobachter alltäglich und uninteressant: Möbelpacker verladen den Hausrat und bringen ihn in die neue Wohnung, die Bewohner verlassen eine ihnen vertraute Umgebung und müssen sich neu orientieren. Das Leserinteresse

---

(14) In ‚Lesezeichen' A/B10, Stuttgart 1985, S. 13, wird diese Vorstellung gelenkt durch die Abbildung von Natascha Ungeheuers Gemälde ‚Frau vorm Spiegel'.

wird folgerichtig von der unbedeutenden äußeren Handlung auf das Verhalten der beteiligten Personen, auf deren verbalisierte und nicht verbalisierte Gefühle gelenkt.

Die Konstellation der Figuren ist von Anfang an kontrastiv: Da gibt es Mieter und Vermieter, Bewohner, die ausziehen müssen, und solche, die bleiben können, Professionelle, die täglich Möbel verfrachten, und Unerfahrene, die den Transport ihres Hausrats als riskantes Unternehmen betrachten.

Die anfängliche Sympathieverteilung des Lesers ist klar: Er leidet mit „den Leibolds", denn sie sind von einem „Unglück" betroffen (S. 25, 29). Frau Leibold fürchtet, „sie werde wieder schluchzen müssen" (S. 26, 32), auch ihr Mann hatte „heftig geflennt" (S. 27, 6). Sie können es „einfach nicht fassen" (S. 28, 29), daß man sie nach so vielen Jahren zu einer Veränderung zwingt, und sie haben Mühe, „ihre Fassung wiederzugewinnen" (S. 29, 35). Der Leser kann nachempfinden, mit welchen Gefühlen sich ein Rentnerehepaar aufmacht in eine fremde Umgebung, in der es „aller Voraussicht nach seinen Lebensabend verbringen" wird (S. 31, 21 f.). Und er kann, wie der Möbelpacker Zista, verstehen, „wieso die Leibolds dermaßen geflennt hatten" (S. 31, 38), wenn er erfährt, daß die neue Wohnung aus einem Zimmer, einer Kochnische und einer Duschkabine besteht.

Doch die Sympathienahme des Lesers, die zu Beginn so eindeutig gesteuert schien, wird von der Autorin systematisch destruiert. Die Opfer der Mietserhöhung, denen wir unser ganzes Mitgefühl schenken wollen, zumal da sie in ihrem Unglück auch noch die unverhüllte Neugier und Schadenfreude der Nachbarn ertragen müssen, werden uns zusehends unsympathischer gemacht. Über die Bemerkung, die Leibolds hätten „vergessen", den Möbelpackern ein paar Flaschen Bier zu kaufen (S. 25, 29), kann man allenfalls noch hinweglesen. Auch die Angst alter Menschen, jemand könne ihnen etwas stehlen wollen, mag zunächst verständlich sein, doch spätestens mit der Beschreibung, wie „die Leibold dem Leibold" ihren Verdacht „zuzischel[t]" und „der Leibold zurück[...]-zischelt" (S. 26, 25 ff.), wird klar, daß die anfänglichen Sympathieträger demontiert werden: Sie sind geizig, mißtrauisch und unehrlich, und dies wird dem Leser heiter- oder bitter-ironisch vorgeführt.

Weil die Leibolds geizig sind, haben sie den Möbelpackern kein Bier besorgt und die Wohnung nie neu tapeziert (S. 28, 30 ff.). Nur weil er geizig ist, hat Herr Leibold „viel zu weiße Zähne" (S. 27, 12; S. 28, 2). Man will Trinkgeld sparen (S. 28, 12) und lieber alles behalten, als sich „übers Ohr hauen zu lassen" (S. 33, 11). Wer geizig ist, gönnt meist auch anderen nichts – die Leibolds gönnen ihren „Nachfolgern" nicht einmal das, was sie selbst nicht mehr gebrauchen können (S. 27, 21 ff.). Grotesk und lächerlich wirkt es auch, daß „zerrissene Schnürsenkel" eingepackt werden und der „rosafarbene, verrotzte Waschlappen" in Herrn Leibolds Manteltasche verschwindet.

Bedrückender noch als Geiz und Mißgunst empfindet der Leser die Unehrlichkeit des Rentnerehepaares. Sie ist kaum entschuldbar mit dem Bemühen, „das Gesicht zu wahren" (S. 26, 37), ist wohl auch ein Grund, warum die Hausbewohner, die den Leibolds „ohnehin nicht glaubten" (S. 26, 39), sie nicht bedauern, ihnen nicht beistehen, sondern „auf eine recht genüßliche Weise" zusehen (S. 29, 12; 31).

Die schlicht denkenden Möbelpacker „begreifen", was der Umzug für die alten Leute bedeuten muß (S. 31, 37 f.). Als Frau Leibold die Tatsachen einfach ignoriert und sich selbst etwas vorlügt, können sie sich „nur mühsam ein Lachen verkneifen" (S. 32, 11), doch dann wird für sie die Szenerie 'zunehmend merkwürdiger', absurd und geradezu unheimlich: Die Möbel können in der neuen Wohnung gar nicht aufgestellt werden, doch „die Leibold" weigert sich, dies „zur Kenntnis zu nehmen" (S. 33, 20), sie kehrt der „Bescherung", d. h. der Wahrheit, einfach den Rücken zu, während ihr Mann das Appartement fast fluchtartig verläßt.

Gisela Elsner erzählt eine böse Geschichte, und sie tut dies ironisch-distanziert mit böser Eindringlichkeit. Sie deutet zunächst nur an mit scheinbaren Nebenbemerkungen, nimmt das Motiv wieder auf, wiederholt Aussagen und Formulierungen und intensiviert damit die Vorstellungen des Lesers. Der läßt sich führen von einem kühl beobachtenden Erzähler, sieht mit ihm, was „die Leibold" und „der Leibold", „der Dietz" und „der Ziska" tun, hört gleichsam mit, was gesagt wird, denn die wörtliche Rede ist in der Regel nur durch Einschübe wie „sagte er", „zischelte sie" gekennzeichnet oder kommentiert. Einfache Satzstrukturen und die Nähe zur Umgangssprache in den Rede-Abschnitten kontrastieren wirkungsvoll zu den Passagen, in denen der Erzähler seine großenteils ironischen Begründungen und Erläuterungen in weit verschachtelten Neben- und Unterordnungen abgibt.

Fast gewinnt man den Eindruck, als würden hier 'genüßlich' alle auftretenden Personen so unter die Lupe genommen, daß keine als wirkliche Positiv-Figur übrigbleibt. Ein Blick auf Gisela Elsners Romanwerk kann diesen Eindruck nur bestätigen: Wenn sie sich daran macht, ein Bild der Gesellschaft zu zeichnen, so tut sie dies mit spitzer Feder – sie kratzt an allen nur denkbaren Masken und Schutzbehauptungen und stellt gerade die bloß, die auf den ersten Blick besser zu sein scheinen als die anderen. Die Ironie mildert nur oberflächlich die Schärfe der Aussage – Enzensberger nannte Frau Elsner eine „Humoristin des Monströsen".

Das Verfahren der Sympathiedemontage auch in der Kurzgeschichte ‚Die Mietserhöhung' zu erkennen, heißt natürlich nicht, deren sozialkritische Aussage zu verkennen – das verbietet schon die gewählte Überschrift. Da ein Profitdenken, das soziale Härten bewußt in Kauf nimmt, ja erst die Voraussetzungen schafft für die geschilderten Vorgänge und Verhaltensweisen, muß eine Interpretation diesen Aspekt selbstverständlich einbeziehen. Nach Gisela Elsners Freitod wurde in zahlreichen Nachrufen das soziale Engagement hervorgehoben, das Anliegen, „soziale Realitäten drastisch bewußt zu machen"[15], die „Unerträglichkeit des gewöhnlichen Kleinbürgeralltags" mit einer „schonungslosen Genauigkeit" zu schildern.[16]

Die Tatsache, daß es Gisela Elsner nicht gelang, „über das Schreiben einen Weg zu einer humaneren Gesellschaft zu finden"[16], daß sie „an der Realität gescheitert" ist[15], könnte eine Aufforderung sein, ihre Texte aufmerksamer zu lesen und gerade in der Schule darüber zu diskutieren.

Marie Luise Kaschnitz: Drohbrief (S. 54)

Das Bändchen ‚Steht noch dahin', 1972 erschienen, enthält über siebzig Texte, die alle als Variationen der am Anfang und am Ende provozierend formulierten Aussagen verstanden werden können:

„Ob wir davonkommen ...
 ob wir es fertigbringen, mit einer Hoffnung zu sterben,
 steht noch dahin ..."[17]

„... und wer sagt, daß in dem undurchsichtigen Sack Zukunft
 nicht auch ein Entzücken steckt."[18]

---

(15) Gisela Ullrich in: Stuttgarter Nachrichten vom 19.5.92.
(16) Rubrik ‚Register' in: DER SPIEGEL 22 vom 25.5.92, S. 248.
(17) Titelgeschichte in ‚Steht noch dahin', S. 7.
(18) ‚Amselsturm' (Anm. 17), S. 82.

Marie Luise Kaschnitz fordert zum Nachdenken darüber auf, ‚was wir noch können'[19], sie zeigt die drohenden Gefahren, verweist aber auf die Notwendigkeit und Möglichkeit, sich daraus zu befreien. Dies erfolgt in einer knappen, schmucklosen Sprache, die sich in dem Maße der Sprachlosigkeit nähert, in dem sich die geschilderten Personen der Ratlosigkeit nähern. Die Texte sind daher kaum einer eindeutig definierten Gattung zuzuordnen; nach Werner Brettschneider sind sie „zu kurz" für einen Essay, „zu extensiv" für ein Epigramm, „zu reflektierend" für eine Kurzgeschichte und „zu unmittelbar" für eine Parabel.[20] Es wird erzählt und reflektiert zugleich, aber es wird nicht erläutert, nicht räsonniert, nicht moralisiert. Der Leser ist aufgerufen, die sachlich, unsentimental und unpathetisch formulierten Aussagen durch seine eigenen Erfahrungen und Gefühle auszufüllen und dementsprechend weiterzudenken.

Der ‚Drohbrief', auf den der Titel des zu untersuchenden Textes verweist, ist (noch) nicht angekommen. Er existiert vielleicht (noch) gar nicht, beherrscht aber das Denken einer männlichen Person, die ihn erwartet und fürchtet zugleich.

Der erste Satz beschreibt die Situation des Adressaten, kennzeichnet sie durch adverbiale Bestimmungen: Er wartet „schon lange" auf das Eintreffen des Briefes, sucht ihn „jeden Tag" unter seiner übrigen Post, die ihn wenig zu interessieren scheint, und er tut dies „hastig", weil die erwartete Mitteilung seine gegenwärtige Existenz bedroht und sein künftiges Leben entscheidend bestimmen wird.

Die Vermutungen, Ahnungen, Spekulationen über Form und Inhalt des Briefes werden im Mittelteil des Textes ausgeführt, wiederum unterstützt durch Adverbien (vielleicht, möglicherweise). Der Mann weiß „natürlich" nicht, was ihm auf welche Weise eröffnet wird, sicher ist er nur, daß er „einen ganz persönlichen Brief" bekommen wird. Er geht davon aus, daß „man" mit ihm abrechnet, denn „man" muß schließlich auf seine Faulheit und seine Feigheit reagieren, die er selbst eingesteht.

Auf sein mangelhaftes Verhalten kann er sich, so wird im Schlußteil erzählt, drei unterschiedliche Reaktionen oder Strafmaßnahmen vorstellen:

„Man" könnte ihm mit einem Fragezeichen signalisieren, daß er das Vertrauen verloren hat, oder mit einem „Ausrufungszeichen" eine Warnung zukommen lassen oder „ganz einfach" einen Punkt setzen. Die Bedeutung eines solchen Punktes erklärt der Text nicht – nach dem Wort „Punkt" folgt nur noch ein Punkt als Satzzeichen –: der Leser kann (und soll wohl) an ein endgültiges Abgeschriebensein denken.

M. L. Kaschnitz stellt einen Menschen vor, der sich seiner Fehler bewußt ist und dafür eine Abrechnung, eine Strafe erwartet. Der Drohbrief ist sein Damoklesschwert, mit dem er offensichtlich zu leben gezwungen ist. Er fühlt sich bedroht von einer Maßnahme, deren Berechtigung er nie in Zweifel zieht. Er weiß, daß er faul und feige ist, und er weiß, daß Fleiß und Tapferkeit von ihm verlangt werden. Dieses Wissen führt jedoch nur zu unproduktiven Spekulationen, keineswegs zu einer Veränderung des als falsch erkannten Verhaltens.

Wie könnte auch jemand, der faul und „vor allem" feige ist, anders reagieren als mit untätiger Furcht?

„Er" ist nicht einmal zu einer Rechtfertigung fähig, denn auch dazu bräuchte er Mut und Energie. Er kümmert sich nicht darum, welche Instanz berechtigt ist, ihm eine Drohung zu schicken. Er wird sie, falls sie je eintrifft, hinnehmen ohne Klage und ohne Protest.

---
(19) Titel des Textes, der den ‚Editionen' unmittelbar folgt.
(20) Werner Brettschneider: Zorn und Trauer. Aspekte deutscher Gegenwartsliteratur. Berlin 1979, S. 139.

Es ist also nicht unbedingt, wie der Titel suggerieren könnte, der Absender des Briefes, der die Existenz des Adressaten bedroht, sondern dessen Überzeugung, daß er einen solchen Drohbrief erhalten muß, weil er die zwingenden Gründe dafür kennt und nicht zu beseitigen versucht.

Die Textanalyse ergibt folgendes Bild:

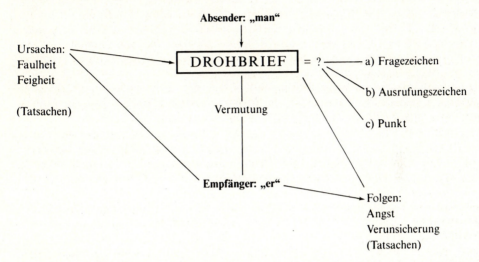

Die Verknappung und die Leerstellen des Textes fordern den Leser zur produktiven Rezeption heraus, d. h. er wird dazu neigen, die geschilderte Situation entsprechend seiner individuellen Kenntnisse und Erfahrungen auf vertraute Verhältnisse zu übertragen. Dabei besteht die Gefahr, daß die Aussage individualisiert und damit unzulässig eingeschränkt wird, etwa durch die Konkretisierung der nicht definierten Machtinstanz, die Sanktionen verhängen kann (z. B. 'man' = Arbeitgeber, Lehrer o. ä.). Ein solcher Interpretationsansatz ließe auch den 'Helden' zu sehr als ohnmächtiges Opfer erscheinen, käme kaum zur Bestimmung dessen, „was wir noch können".
Der Bedrohte – schon seine Namenlosigkeit indiziert, daß nicht nur ein bestimmtes Einzelschicksal angesprochen ist – könnte durchaus gegen die Bedrohung angehen, wenn er, anstatt in Erwartung und Furcht auszuharren, sich zur „Befreiung und Verwandlung"[21] durchringen könnte. Er scheint allerdings auf die „totale Erschütterung" durch eine „verhängnisvolle Gewalt"[22], die er fürchtet, insgeheim zu hoffen, um zu einer Veränderung, zu einem Neuanfang gezwungen zu sein.
Ob „er" seine Chance erkennen und nützen wird, „steht noch dahin".

Sarah Kirsch: Auf dem Deich · Vineta (S. 55 f.)

1988 erhielt Sarah Kirsch den Kunstpreis des Landes Schleswig-Holstein. In der Begründung heißt es, sie habe das Land, in dem sie lebt, zum Gegenstand ihrer Poesie gemacht.

---

(21) Vgl. M. L. Kaschnitz: ‚Das dicke Kind': „[...] das war ein langer Kampf, ein schreckliches Ringen um Befreiung und Verwandlung [...]".
(22) Vgl. Brettschneider (Anm. 20), S. 131; 133.

Die Dichterin hat nach dem Verlassen der damaligen DDR und Zwischenstationen in Berlin und Bremen 1983 ein ehemaliges Dorf-Schulhaus im Kreis Dithmarschen bezogen. Sie hat dieses „Land zwischen den Meeren", das Land Theodor Storms, als Gegenwelt zu „Unnatur" und Unfriede in den Großstädten erfahren und ihm in ihrem poetischen Schaffen viel Raum gegeben, so daß „nun wohl kaum ein deutscher Landstrich in so vielen und so reichen Worten gegenwärtig sein dürfte."[23]

‚Irrstern', 1986 erschienen, enthält auch Texte über diese Landschaft, die die Verfasserin schlicht als „Prosa" bezeichnet. Die Frage nach der Textgattung ist müßig. Es handelt sich um Skizzen, Miniaturen, Prosa-Gedichte vielleicht, die mit ihrem poetischen Grundton, ihrem gelegentlichen Hexameter-Anklang und nicht zuletzt ihrer Thematik an die bukolische Literatur der Antike erinnern.

Sarah Kirsch spielt mit Wort, Satz und Rhythmus. Sie macht das Tempo des Lesens variabel, indem sie sich über die Regeln für Interpunktionszeichen weitgehend hinwegsetzt, und nähert sich so der „koboldhaften" Sprachartistik H. C. Artmanns.[24]

Die beiden abgedruckten Texte handeln von der individuellen Erfahrung, vom Ich der Autorin und von ihrer unmittelbaren Umgebung, ihrer neuen Lebens- und Gedankenwelt. Sie läßt den Leser mitschauen und miterleben, was die Natur ihr täglich bietet.

‚Auf dem Deich' notiert die Beobachtungen an einem Tag im Winter, den die Autorin offensichtlich besonders liebt.[25]

Der Beginn zeichnet eine bukolische Idylle: Das erzählende Ich betrachtet liebevoll die übermütigen Schafe und läßt sich von deren Lebensfreude berühren, so daß der trübe Tag plötzlich „blau" erscheint. Dann löst sich der Blick von den Schafen und „Lämmlein", schweift umher über das flache Land. Er erfaßt überall kreatürliches Leben, verweilt so lange, bis in der Vorstellung ein sinnliches und sinnhaftes Bild entstanden ist. (Knospen strecken sich „ordentlich", Maulwürfe traben „eilig" mit einem bestimmten Ziel, der Habicht holt sich, was er will, die Bauern sind als individuelle Personen zu erkennen, ihre Arbeit ist noch aus der Ferne bestimmbar.)

Nur im „Magma der Erde" lauert Gefahr. Aber das ist vom Menschen „weit voraus" gedacht, die Maulwürfe werden davon nicht bedroht.

Die Betrachtung kehrt rasch zurück zum sinnlich Wahrnehmbaren, gibt sich am Ende aber noch einmal der fast anakreontisch beschriebenen Lämmer-Idylle hin.

Der Leser folgt dem Blick der studierten Biologin, die Tierverhalten zu deuten weiß und die Namen wildwachsender Pflanzen kennt. (Das hat die Autorin freilich schon als Kind bei Spaziergängen mit der Mutter gelernt; in ‚Irrstern' werden etwa dreißig Pflanzen- und Vogelarten genannt.) Doch sind die Aussagen weniger von naturwissenschaftlichen Interessen als von der Liebe zur Kreatur geprägt, was sich an der Wahl der Adjektive und Verben leicht nachweisen läßt.

Sarah Kirsch eröffnet den Text mit der Erwähnung einer täglichen Pflicht, die aber der Erzählerin zur Lust wird durch das mitfühlende Beobachten der Lebewesen, für die sie Verantwortung trägt („meine Schafe"). Jedoch weiß sie um die Ausnahmesituation und die Bedrohtheit der sie umgebenden Idylle. Was sie tatsächlich und tagtäglich wahrnimmt, ist anderen nur noch in Form von (Kitsch-)Postkarten zugänglich.

Dieses Bewußtsein wird an anderer Stelle durchaus parodistisch gestaltet:

---

(23) Hugo Dittberner: Artistin zu eigenen Gnaden. Ein Essay über Sarah Kirsch. In: Text und Kritik 101, 1989, S. 9.
(24) (Anm. 23), S. 7.
(25) Siehe Hans Wagener: Sarah Kirsch. In: Köpfe des 20. Jahrhunderts, Berlin 1989.

Sommerabend
Auf schwarzen Weiden das Melkvieh
Suchet den Pferch auf und immer
Zur nämlichen Zeit. Der zufriedene Landmann
Raucht eine Marlboro während die Milch
Wild in den gläsernen Leitungen strömt.[26]

Der Gedanke an den Untergang der bukolischen Landschaft ist dominierend in ‚Vineta‘, antizipiert schon in der Überschrift. Hier ist vom Sommer die Rede, vom Sommer als einer dunklen Zeit, in der zwar der Holunder blüht und duftet, die Natur aber insgesamt verfremdet und verwandelt, bedroht und bedrohlich erscheint.
Ungewohnte Zusammenstellungen zu Wortgruppen und syntaktischen Fügungen geben den einzelnen Vokabeln ganz neues Gewicht und verlangsamen den Lesevorgang. Der Leser hat sich erst einmal zu orientieren inmitten der Bilder aus Vergangenheit, Gegenwart und Zukunft. Er muß herausfinden, was 'schon' versunken ist und was von wem 'noch' erlebt werden kann.
Sarah Kirsch, in der Bibliothek des Großvaters von den „andächtigen" Naturschilderungen beeindruckt, begann „aus Liebe zur Natur" eine Forstarbeiterlehre, die sie desillusioniert abbrach, weil der Wald nicht als lebender Organismus, sondern als Objekt notwendiger technischer Eingriffe gesehen wurde. Schon aus dieser persönlichen Erfahrung heraus kann der bukolische Grundton in der Textsammlung nicht durchgehalten werden, auch die harmonische Umgebung erscheint doppelbödig und bedroht. Nicht nur in ihrer Lyrik offenbart sich, daß die Autorin „mit den schwarzen Wogen des Pessimismus bespült, mit den grauen Wassern des [...] Skeptizismus gewaschen" wurde.[27]

Angelika Mechtel: Netter Nachmittag (S. 67 ff.)

Die anscheinend einfache Aufgabe, den Inhalt nachzuerzählen, zeigt sofort die Schwierigkeiten dieses Textes auf. Er besteht aus der realistischen Schilderung eines Besuchs am Nachmittag, einem Gedankenspiel, wie dieser Besuch anders hätte verlaufen können, wiederum mit einer Variante, und dem Bericht über den Beschluß des geschilderten Nachmittags.
Verwirrung stiftet die Verwendung der Personalpronomina: Das erzählende weibliche „Ich" beschreibt den Besuch bei einem namenlos bleibenden „Er" und entwickelt für ein unbestimmtes „Du" alternative Verhaltensweisen, die aber als wirkungslos dargestellt werden.
Im ersten Teil wird klar, daß die Ich-Erzählerin eine Einladung annimmt, weil „er", der Gastgeber, die Möglichkeit angedeutet hat, sie (beruflich) zu fördern. Sie benimmt sich „artig" (S. 67, 23) und geht „auf das Gespräch ein, das er führen will" (S. 67, 24). Doch kaum hat sie die höfliche Verabschiedung hinter sich gebracht, da beginnt sie mit Selbstvorwürfen, die sie aber an ihr 'anderes Ich', also ein Du, richtet. Sie erklärt der so Angesprochenen, d. h. sich selbst, daß sie sich nicht so angepaßt und artig hätte verhalten sollen, sondern ihren Gastgeber irritieren, beleidigen, provozieren und „fertigmachen". Aber sie räumt sofort ein, daß bei diesem Gegenspieler alles unwirksam bliebe. Er wäre keineswegs „erledigt", er würde sofort die veränderte Situation erfassen und süffisant den „neuen Stil" bewundern. Ob Provokation, Aggression oder Anpassung –

---

(26) In: Sarah Kirsch: Erdreich. 1982.
(27) H. Dittberner (Anm. 23), S. 4.

kein Versuch kann den Mann verunsichern oder die Frau von ihren Ängsten befreien. Die Ironie der Überschrift ist also offenkundig, wird allerdings durch den letzten Satz bitter oder gar tragisch.
Anfang und Ende des Textes suggerieren eine in sich abgerundete Geschichte:
„Ich gehe hin, und er steht schon an der Tür."
„Abends rufe ich ihn an und danke …"
Der geschilderte Besuch ist so verlaufen, daß sich die Besucherin berechtigte Hoffnung auf die wohlwollende Unterstützung ihres Gastgebers machen kann.
Was ist eigentlich der Grund für ihre Irritationen und Selbstvorwürfe?
Was ist daran verwerflich, wenn sie der Einladung eines einflußreichen Mannes folgt, der sie schätzt (S. 67, 6) und ihre Arbeit lobt (S. 67, 7)?
Warum entwirft sie zuerst aggressive, dann resignative Verhaltensvarianten und verwirft sie gleich wieder?
Die erdachten Verhaltensweisen erscheinen unbrauchbar, weil sie eine nicht klar zu begründende oder von der Autorin nicht klar begründete Angst auslösen, Angst wohl – vordergründig – vor einem Zeitgenossen, gegen den „kein Kraut" gewachsen ist (S. 68, 35), der unbeschadet zwei Weltkriege, die Sympathie für die Nationalsozialisten „und eine Ehe" überlebt hat. Er hat immer auf der richtigen Seite gestanden, er „hat das Leben gemeistert", war und ist immer obenauf. Es trifft ihn nicht, wenn man ihn brüskieren oder provozieren will. Er bleibt „frisch", höflich und galant „und hat ein verbindliches Lächeln im Gesicht" (S. 68, 32). Einer, der soviel Glück, Erfolg, Besitz und eine gesicherte Zukunft hat, kann sich über kleine private Störungsversuche, zumal einer Frau, souverän und lächelnd hinwegsetzen.
Angelika Mechtel führt hier, erzählerisch verknappt und mit deutlicher, wenn auch nicht ausgesprochener Kritik, einen Repräsentanten der modernen Gesellschaft vor, der dank seiner Anpassungsfähigkeit und Unempfindlichkeit alle denkbaren Angriffe von sozial Schwächeren ungerührt übersteht. Sie zeigt seine ungefährdet sichere Position, indem sie aus der Ebene der hypothetischen Vorstellungen am Ende wieder in die unveränderte Realität der scheinbar ohnmächtigen, hilflosen, unglücklichen Ich-Erzählerin zurückspringt.
Doch zeigt der Schlußsatz nicht deren verzweifelte Einsicht in die eigene Ohnmacht gegenüber dem Mächtigen, dem Skrupellosen, sondern den Wunsch, es nicht mit ihm zu verderben, um sich nicht einen Vorteil entgehen zu lassen. Am Ende wird das Opfer also auch Täter, und vom Ende her gelesen entpuppt sich das Gedankenspiel als trotzigwütender Rechtfertigungsversuch[28]: Selbstverständlich würden die hier vorgestellten Aktionen nichts bewirken, weil sie kindisch und unangemessen sind, eher überzogene Reaktionen auf eine zu befürchtende soziale oder erotische Abhängigkeit. Die Ich-Erzählerin müßte sich eingestehen, daß sie sich nicht höfliches Benehmen vorzuwerfen hat, sondern Feigheit und Opportunismus, daß also die Alternative nicht darin bestehen kann, sich ungezogen zu gebärden oder den anderen physisch zu „erledigen", sondern eigene Überzeugungen mutig auszusprechen und dafür einzustehen. Sie verachtet und verabscheut zwar die Denk- und Lebensweise, zu der sich ihr Gegenüber offen bekennt, aber sie weiß ja darum und beschließt dennoch: „Ich gehe hin."
Der Anfangssatz kann als Fortsetzung des Schlußsatzes gelesen werden. Die Geschichte kann sich wiederholen, weil es immer urteilsfähige Menschen gibt, die Fehlentwicklungen und Fehlentscheidungen sehen, von mutiger Gegenwehr träumen oder sie anderen anraten, selbst aber „artig" mitspielen, um keinen persönlichen Nachteil davonzutragen.

---

(28) Vgl. den Titel des Erzählbandes: ‚Die Träume der Fuchsin'.

So verstanden, kann Angelika Mechtels Text den Leser sehr betroffen machen und direkt ansprechen: „Du fragst dich, warum du Angst hast?"
In dieser „netten" Geschichte wird „die Brutalität alltäglicher bürgerlicher Existenz in der Wohlstands- und Industriegesellschaft spürbar"[29], die aber trotz bestehender Ängste und Zwänge die blinde Anpassung gegen das eigene Gewissen nicht entschuldigt.[30]

Hans Joachim Schädlich: Am frühen Abend (S. 87f.)

Die Begegnung, die der Text schildert, findet „am frühen Abend" Ende Februar statt und dauert sechs Minuten (S. 87, 2). Ort des Geschehens ist die kleine Bahnhofshalle einer süddeutschen Provinzstadt.
Zwei Personen wollen sich hier ausruhen, ein „Handelsreisender", der auf seinen Zug wartet, und ein offensichtlich obdachloser Mann, der sich tagsüber etwas Geld erbettelt hat.
Trotz gegenseitigen Bemühens, den anderen zu ignorieren, entsteht ein Dialog zwischen den beiden. Der junge Herr Saller, sicherlich geschult für Kontaktaufnahme und Gesprächseröffnung, richtet „auf gut Glück" das Wort an den 'halbwach' liegenden Mann. Seine eher beiläufige Bemerkung, auf dem Steinfußboden sei es zu kalt, veranlaßt den Unbekannten, dessen verwahrloste Erscheinung Saller genau registriert hat, seine 'Lage' zu erklären: Er kann sich nicht mehr aufrichten, nicht mehr auf seinen wunden Beinen stehen. Der junge Handelsreisende zeigt sich aufgeschlossen und freundlich; er bietet dem Fremden an, neben ihm auf der Bank Platz zu nehmen. Da dieser aber die Bank ohne fremde Hilfe nicht erreichen kann, rät Saller, sich an einen Arzt zu wenden, einen Notarzt, oder – noch besser – ein Krankenhaus in der Großstadt aufzusuchen. Als sein Zug einfährt, verabschiedet er sich höflich. Der Mann bleibt zurück, nach wie vor auf dem Boden liegend. Lakonisch kommentiert er die zufällige Begegnung: „Er hilft mir auch nicht" und setzt damit seine vorhergegangene Aussage fort: „Mir hilft kein Gott und kein Bulle."
Hans Joachim Schädlich führt den Leser nach traditionellem Erzählmuster in seinen Text ein, nennt Zeit und Ort und schildert die Situation aus der Perspektive Sallers, den er nicht weiter beschreiben muß, weil sich der Leser schon ein Bild gemacht hat von einem korrekt gekleideten, höflichen jungen Mann, der, vermutlich erfolgreich, geschäftlich tätig war und sich nun auf seinen verdienten Feierabend freut. „Der Mann" auf dem Fußboden der Bahnhofshalle erscheint deshalb sofort als Kontrastfigur. Der Leser folgt Sallers Blick auf *H*aare, *H*aut, Joppe, *H*ände, *H*ose und *H*albschuhe. Durch die gewählten Adjektive bekommt er eine anschauliche Beschreibung: *str*ähnig, wirr, *sch*mutzigbraun, *sch*ütter, fleckig, *sch*mutzig-*sch*warzbraun, *sch*mierig, naß. Wie verständlich, daß der sauber-adrette Handelsreisende so tut, „als achte er nicht auf den Schlafenden", ihn aber im Auge behält! Und wie anerkennenswert, daß er dennoch, freilich aus sicherer Entfernung, diesen 'Penner' anspricht, ihm Anteilnahme signalisiert! Der Erzähler zieht sich zurück. Seine Kommentare beschränken sich auf die stereotype Formel: „Saller sagte"/„sagte Saller" – „Der Mann sagte"/„sagte der Mann". Die häufige Wiederholung dieser Formel und der Verzicht auf Zwischentexte machen den Dialog peinlich bedrückend und spannend zugleich. Er beginnt so vielversprechend („Ich könnte Ihnen helfen") und endet so aussichtslos („Saller schwieg" – „Er hilft mir auch nicht").

---

(29) Ingrid Laurien: Angelika Mechtel. In: KLG, 2. Nlg., 1979, S. 4.
(30) Vgl. dazu das Ende von A. Mechtels Roman ‚Friß Vogel', 1972.

Wer oder was ist daran schuld, daß auch nach diesem Gespräch die Lage des Mannes nicht besser ist als vorher?

Zwei alternative Antworten scheinen möglich:
a) Der Mann geht nicht auf die gutgemeinten Ratschläge ein. Er reagiert unhöflich und unangemessen, verweist nur auf frühere schlechte Erfahrungen. Mit Hilfe eines Zitats aus Schillers ‚Wallenstein' (S. 88, 14) wechselt er zur Du-Anrede über, gleitet schließlich in die Sprache des Penner-Milieus ab. Dem kann der wohlerzogene junge Mann nichts entgegensetzen. Enttäuscht verläßt er die Bahnhofshalle.
b) Saller macht keine ernstgemeinten Angebote, sondern Konversation. Er erfaßt die Situation schnell und hat damit einen Gesprächsstoff, aber er verschanzt sich gleich hinter dem unverbindlichen Konjunktiv: „Auf der Bank *wäre* es besser"; „Ich *könnte* Ihnen helfen". Sobald der Mann, der die Phrasen durchschaut, mit indikativischen Sätzen kontert, sagt Saller „Nein". Er wird, um einem verwahrlosten Fremden zu helfen, weder körperliche Anstrengung noch finanzielle Mittel aufwenden. Er fühlt sich dazu nicht verpflichtet, verweist lieber auf Notarzt und Krankenhaus als dafür zuständige Institutionen. Als die Einfahrt seines Zuges die Begegnung beendet, ist er erleichtert.

Läßt sich jeweils eine positive Alternative, ein befriedigender Ausgang der Geschichte konstruieren?
Was wäre, wenn
a) der Mann ernsthaft auf das von Saller geäußerte Hilfsangebot eingehe?
b) Saller wirklich Hand und Geld anlegte?

Werden in Schädlichs Text individuelle (Fehl-)Reaktionen geschildert oder Verhaltensmuster aufgezeigt, die die Wohlstandsgesellschaft ihren Mitgliedern aufnötigt?
Wer soll oder kann dem Mann überhaupt noch helfen – eine Zufallsbekanntschaft, soziale Einrichtungen oder „der liebe Gott selig"?
Dem Leser bleibt viel Raum für seine Gedankenspiele. Wo er in den spröden Sätzen nach Lösungshinweisen sucht, stößt er allenfalls auf erschreckende Bitterkeit („Das ist ja der Poeten Amt, ... daß sie das Üble mit Bitterkeit verfolgen"[31]). Der Text ist unbequem, der unkommentiert wiedergegebene Dialog läßt viele unangenehme, peinliche Fragen offen. Nicht vorschnelle Schuldzuweisungen sind gefordert, sondern „geduldiges Mitdenken und viel denkende Phantasie".[32]
Mitdenkend und weiterdenkend sollten Schülerinnen und Schüler über diesen Text diskutieren und ihn auf ihre eigene Erfahrungswelt beziehen.
Die Frage, ob und wie und durch wen Menschen, die am Rande der Gesellschaft 'herumliegen', wirklich, also effektiv geholfen werden kann, wäre auch ein passender Einstieg für die Beschäftigung mit der Geschichte von Ketzel („*Unter Wegen*', S. 88 ff.), deren Sprache und Struktur bedeutend mehr 'geduldiges Mitdenken' verlangt.

Gerold Späth: Hermann Ehrler (S. 91 f.) · **Johann Heinrich Allemann** (S. 93 f.)

Im ersten Teil seines Romans ‚Commedia', ‚Menschen' betitelt, entwirft Späth das Bild einer Kleinstadt, d. h. er überläßt es dem Leser, sich ein Bild dieser Stadt auszumalen. Der Autor beschränkt sich nämlich darauf, 203 (!) Selbstaussagen von Bewohnern kom-

---
(31) Hans Joachim Schädlich: Versuchte Nähe, S. 199.
(32) Theo Buck: Hans Joachim Schädlich. In: KLG, 1. Nlg., 1978, S. 3.

mentarlos aneinanderzureihen. Die Reihenfolge scheint willkürlich, „zusammengewürfelt"[33], wie das ungeordnete Tonbandmaterial eines Reporters, der mit dem Mikrophon in der Stadt unterwegs war. Die Befragten bieten einen repräsentativen Querschnitt: Vertreter aller Altersgruppen und aller sozialen Schichten kommen zu Wort, Frauen und Männer, Lebende und Tote.

Hermann Ehrler ist früh, „zu früh" gestorben, blickt aber befriedigt auf sein Leben zurück. Er hat „mit nichts" angefangen, eine Familie und ein Unternehmen gegründet, „genügend Entspannung und Abwechslung" genossen und seinen Erben „Millionen" hinterlassen. Der verstorbene Großgärtnereibesitzer ist stolz auf das in so kurzer Zeit Erworbene. An seiner Diktion ist abzulesen, wie er gelebt und gearbeitet hat: Man stößt auf hart begrenzte Sätze, Einklammerung statt syntaktischer Einbettung von erläuternden Zusätzen, Ich-Dominanz und Vokabeln oder standardisierte Formeln aus der Sprache der geschäftlichen Korrespondenz.

Ehrler selbst führt seinen Aufstieg auf härteste Arbeit und unternehmerischen Einsatz zurück.

Doch beginnt er seine Aussage nicht mit dem Verweis auf geschäftlichen Erfolg, sondern auf seine Erfolge bei den Frauen: Er „konnte nur zwei Mal ... nicht landen". In allen anderen Fällen handelte es sich aber keineswegs um aufregende Seitensprünge oder gar romantische Liebesabenteuer, sondern um Vereinbarungen und Transaktionen nach den Gesetzen von Angebot und Nachfrage, von Konsumbedarf und Wettbewerbsfähigkeit. Ehrler hat sich seine „Mädchen" auf Reklamephotos ausgesucht und, da er „keine Rücksicht zu nehmen" brauchte, „gekauft, genossen und geschluckt". Da für ihn Erfolg und Zugewinn das Maß aller Dinge waren, macht er sich auch nach dem Tod keine Gedanken über möglicherweise versäumte Erfahrungen, er scheint von der Richtigkeit seiner Lebensweise völlig überzeugt zu sein: „Ich konnte es mir leisten, und ich habe hart dafür gearbeitet." Aber solche Feststellungen klingen dennoch wie eine nachgeschobene Rechtfertigung. Ehrler wehrt sich „bezüglich" des Lebensgenusses gegen gar nicht ausgesprochene Vorwürfe. Er verweist nachdrücklich darauf, daß seine Frau „ehelich" und seine Söhne materiell gut von ihm versorgt worden seien.

Seinen unerwarteten Herztod beklagt Ehrler nicht, aus seiner Sicht war sein Leben erfüllt. Schließlich hat er sich nicht nur seine ganz persönlichen Kinder- und Männerträume erfüllt, sondern auch noch ein ansehnliches Erbe hinterlassen. Daß er keine Zeit und keinen Anlaß hatte, über weltweite Probleme, politische Entscheidungen, soziale Verpflichtungen und persönliche Verantwortung nachzudenken und sein Handeln darauf abzustimmen, bedeutet ihm kein Defizit, ist ihm eher gar nicht bewußt. Egoistisch, erfolgsorientiert und skrupellos hat er sein kurzes Leben gelebt und die selbstgesteckten Ziele erreicht.

Dieses Resümee wirkt auf den ersten Blick übertrieben und karikierend, nicht zuletzt durch die Mischung von unterkühlter Geschäftssprache und volltöniger Selbstdarstellung. Die Fiktion eines 'Interviews aus dem Jenseits' gewährt zudem eine schützende ironische Distanz. Gleichwohl kann der Text nach einer kritischen Analyse Betroffenheit und Irritationen auslösen, wenn damit die vielstrapazierte Frage nach dem Recht auf individuelle 'Selbstverwirklichung' verknüpft wird.

Johann Heinrich Allemann beantwortet diese Frage ganz pragmatisch: Wer Arbeit hat und weiß, was er will, hat keinen Grund, zu jammern oder nach Alternativen zu suchen. Selbstbewußt und selbstgerecht wendet er sich gegen die ewig Unzufriedenen.

---

(33) Vgl. Bruno H. Weder: Gerold Späth. In: KLG 1981, 9. Nlg., S. 6.

Deren unproduktiven Klagen und utopischen Aussteigerphantasien setzt er seinen Glauben an den Wert einer gesicherten Existenz und der eigenen Leistung gegenüber, seine Überzeugung, daß eine positive Einstellung die Voraussetzung allen Erfolges ist, denn „von nichts kommt nichts".
Allemann scheint seinen 'Auftritt' vor dem fiktiven Befrager zu genießen. Lustvoll äfft er die „Jammerbojen" nach, um gleich anschließend klarzustellen, worauf es ankommt: Man muß die gegebenen Bedingungen als die bestmöglichen akzeptieren und realistisch in die Zukunft sehen, nicht unerfüllbaren Träumen nachhängen oder gar neidisch auf andere schielen. „Ich bin der Mann vom Fach"; „Ich bin 62"; „Ich bin Werkmeister"; „Ich habe meinen Posten" – so lauten die Aussagen des in sich gefestigten Mannes, dem jedes Verständnis für „die neumodische Miesmacherei" fehlt. Er hält es für unberechtigt und dumm, über eine Arbeit zu klagen. Schlecht geht es nur dem, der keine Arbeit hat. Und für ebenso dumm hält er es, beispielsweise seinem „Chef" den Reichtum zu mißgönnen: Er kennt Beispiele dafür, daß Geld überhaupt keine Garantie für Glück und Sorglosigkeit ist. Selbstverständlich weiß Allemann, daß „die Bosse" ungleich mehr verdienen als ihre Arbeiter, aber da er auch zu wissen glaubt, daß sie dafür ungleich mehr Aufregung und Kummer haben, fühlt er sich nicht benachteiligt oder gar ausgebeutet. In seiner selbstgefälligen Borniertheit ist er unfähig, Sensibilität zu entwickeln für das Unbehagen kritischer oder die Hilflosigkeit verunsicherter Mitmenschen angesichts sozialer Mißstände und unmenschlicher Forderungen der Leistungsgesellschaft. Werkmeister Allemann 'hat alles im Griff', auch vor seiner Pensionierung ist ihm nicht bange, denn er hat sich darauf vorbereitet. Er wird seinen Ruhestand genießen, wie er sein Arbeitsleben genossen hat: pflichtbewußt, beispielgebend und systemkonform.

Die Selbstdarstellungen von Ehrler und Allemann sind unbedingt als Äußerungen zufriedener, von sich überzeugter Bürger zu werten.
Auffällig ist bei beiden Texten die Aussparung bürgerlicher und politischer Aktivitäten. Ehrler betont zwar, daß er für die von ihm abhängige Familie gesorgt habe, und Allemann setzt sich (fingiert?) mit Andersdenkenden auseinander, aber tatsächlich kreist das Interesse nur um die eigene Person. Um Sorgen im Nachbarhaus oder gar tödliche Gefahren in einem andren Teil der Welt macht sich keiner Gedanken.
Die 'Lebensbeichte' von *Pater Vitalis Wolf* (S. 92 f.), verbittert, enttäuscht und resigniert, kann als Ausgangspunkt für eine Diskussion über das Selbstverständnis dieser egozentrischen Ja-Sager dienen. „Wir kennen einander nicht. Wir helfen einander nicht. ... Wir lieben einander nicht ... aber zu Haß will es uns nicht reichen." (S. 92, 30–32).

3 Thematische Reihen
Anregungen für Unterrichtssequenzen

3.1 Verhaltensweisen: Charakterbilder

Menschliche Verhaltensmuster werden – augenfällig oder hintergründig – in jedem der ausgewählten Texte aufgezeigt. Der folgende Vorschlag für eine Unterrichtssequenz zielt darauf ab, unterschiedliche Formen der Charakterisierung vergleichend zu betrachten, um eventuell im Anschluß an die Interpretation den Einsatz bestimmter Darstellungsmittel selbst zu erproben.

Gerold Späth: Commedia (S. 91 ff.)

Da Späth im ersten Teil seines Romans lediglich Selbstaussagen aneinanderreiht, um die Atmosphäre, die Lebensbedingungen und -möglichkeiten in einer Kleinstadt zu schildern (vgl. hier Teil 2, S. 20 f.), sind diese kurzen Texte besonders geeignet, das Zusammenwirken von Aussage, Aussageabsicht und Ausdrucksweise zu untersuchen, durch das in der Vorstellung des Lesers ganz konkrete Bilder entstehen. Weil er beim Lesen einzelne Charakterzüge (wieder-)erkennt, die ihm vertraut sind, füllt er die Leerstellen assoziativ-unbewußt mit Details, die nach seiner Erfahrung oder Erinnerung zu den gemachten Aussagen passen, und sieht so die Menschen plastisch vor sich. Nicht immer entspricht diese Vorstellung dem Bild, das die Sprecher von sich selbst zeichnen wollen. Wenn sie versuchen, zu beschönigen, zu verharmlosen oder aufzubauschen, werden sie durch ihren Sprachgebrauch entlarvt:

Hermann Ehrler (S. 91 f.), der skrupellose Aufsteiger, dem nicht einmal die Todeserfahrung ein echtes tiefes Gefühl abringt (s. hier S. 21).

Pater Vitalis Wolf (S. 92 f.), müde und resigniert, der „nichts mehr" sagen will, obwohl er in den wenigen Sätzen seine rhetorische Begabung beweist, die an barocke Predigten erinnert. Seine Wortgewalt setzt er nur noch ein, um die Mißstände zu benennen, nicht um dagegen anzugehen. Er erkennt die Entwicklung, an der auch er selbst beteiligt ist – die ersten Sätze beginnen alle mit dem Pronomen „wir". Doch anstatt sich als Mitbetroffener für das Wohl einer christlich orientierten Gemeinde einzusetzen, wie es sein pastorales Amt erforderte, zieht sich Pater Wolf zurück, gibt das „Wir" auf: Die eigene Person erscheint am Ende betont abgesetzt von allen anderen, für die nun nur noch das anonyme „man" verwendet wird; ein Seelenhirt, der aufgegeben hat, was von ihm vornehmlich erwartet wird, nämlich seine Predigten, das Gebet und das Mitleid.

Johann Heinrich Allemann (S. 93 f.), der, weil angepaßt und mit sich selbst zufrieden, keine Angst vor der Zukunft hat und standardisierte Phrasen von sich gibt, die er für seine Überzeugung hält (s. hier S. 21 f.).

King (S. 94), der „Penner", der im Gegensatz dazu sein Leben als „furchtbar" bezeichnet, sonst aber „nix" hat und deshalb auch gar keine Pläne mehr macht. Er ist sicher oder hat es sich im Lauf der Jahre eingeredet, daß er „nichts dafür" kann, d.h., daß er sich für seine Lebensweise schämt, glaubt, sich rechtfertigen zu müssen. Und da er gerade „besoffen", also ehrlich ist, gibt er zu, daß er „natürlich" gerne „zurück" möchte in die wohlgeordnete Bürgerlichkeit. Er weiß aber, daß er in der Stadt, in der Gemeinschaft der Tüchtigen und Erfolgreichen, keinen Platz mehr hat. Seine Ausdrucksweise hat sich von bürgerlichen Normen weit entfernt, die rudimentären Sätze bombardieren den Zuhörer/Leser mit einer bruchstückhaften, dadurch umso eindrucksvolleren Bestandsaufnahme eines mißglückten Lebens. Kings Interesse an den Mitmenschen ist abgestumpft; er spürt den wachsenden Einfluß der Toten.

Lothar Ott (S. 95), der erfolgreiche Wissenschaftler, distanziert und überheblich. Anforderungen an sein Leistungsvermögen bereiten ihm „keine Schwierigkeiten", denn das Fachwissen ist sein Lebensinhalt, auch wenn er „genau nach Plan" „Freizeit von Arbeit zu trennen" versteht. Er nennt sich einen Rationalisten, weil er um die Faktoren weiß, die das Dasein eines „Elitemenschen", als der er sich „manchmal" fühlt, radikal verändern können. Doch er setzt unbeirrt auf den technologischen Fortschritt und auf den persönlichen Erfolg. Die gängigen Formulierungen optimistischer Trendsetter hat er in seine sachlich-kühle Wissenschaftler-Sprache bereits aufgenommen.

Adele Widmer (S. 95f.), die verwöhnte Tochter reicher Eltern, die ihren Wohlstand und ihr Wohlbefinden auf Glück und „ziemlich überdurchschnittliche" Intelligenz zurückführt. Über ihre Zukunft braucht sie sich keine ernsthaften Gedanken zu machen, sie begnügt sich mit abgestandenen, kitschigen Phrasen („Man muß den echten tiefen Wunsch nach Kindern spüren"; „Das ganze Leben liegt ja noch vor mir").
Behütet und ohne materielle Sorgen, ohne wirkliche Aufgaben und Herausforderungen, ergeht sich die junge Frau in kindlich-grausamen Phantasien, mit deren „tiefenpsychologischer" Bedeutung sie kokettiert. Ihre Wunschträume erzählt sie anschaulich und lebhaft. Sonst ist ihre Sprache wie ihre Lebensführung: oberflächlich, gleichmäßig glatt und ohne persönlichen Akzent.

Mario Grolimund (S. 96f.), ein unzufriedener Lehrling, der ungeduldig auf das Erreichen der Volljährigkeit wartet, um dann endlich sein Leben selbst bestimmen zu können. Zornig und rebellisch, dabei nicht ohne Selbstmitleid, schimpft er auf seinen Beruf, seine Eltern, die Tradition, überhaupt auf all die, die selbst im „Sorgensumpf" stecken und deshalb auch ihn hinein-„zwingen" wollen.
Hart und unversöhnlich klingen die Vorwürfe gegen die 'alte Welt'. Im Augenblick kann sich der junge Wilde nicht anders wehren als mit bitteren, auch vulgären verbalen Ausbrüchen, die er oft nicht in geordnete, vollständige Sätze bringt. Er will sich nicht arrangieren mit einer Umgebung, die er pauschal ablehnt und verachtet, er lebt nur auf eine unabhängige Existenz in Übersee hin, für die er, wenn er erst „ein paar Tausender" hat, keine Probleme sieht, denn für seine derzeitigen Schwierigkeiten gibt er alle Schuld den anderen, den „Alten". Um sich von ihnen und ihrer überkommenen Lebensauffassung nicht „erwischen" zu lassen, wird er „abhauen", er „muß einfach".

Ursula Schuster (S. 97), die von ihrem Mann umgebracht wurde und nun ihren Mörder täglich im Gefängnis besucht.
Sie war und ist diesem Mann hörig, so daß sie alle Hindernisse, „Mauern, Wände, Eisengitter", überwindet, wenn er sie in Gedanken „herbeizerrt". Er war für sie zu Lebzeiten „Stier", „glasäugiger Bulle", „Folterknecht, Henker", und auch der Toten begegnet er als „Peiniger" und „Auspeitscher". All diese Bezeichnungen haben bei der Ermordeten einen fast zärtlichen Klang; sie gibt vor, erst durch „tosenden" Schmerz „unfaßbare Lust" empfunden zu haben. Noch im Tod ist sie nichts anderes als Objekt für die „wiedererwachten Begierden" ihres Mannes; entsetzlich und pervers klingen ihre

stereotypen Bekenntnisse: „Seine Frau bin ich"; „Ich liebe ihn, seine Kraft, die brutale Gewalt"; „Ich liebe ihn"; „Meinem Auspeitscher bleib ich treu."

Durch die bunte Palette der Schicksale und Charaktere sind diese Selbstdarstellungen der Kleinstadtbürger eine unterhaltsame, aber auch Nachdenken und Betroffenheit provozierende Lektüre, denn gerade die meist naive, unreflektierte Erzählweise läßt Platz für Reflexionen des Lesers.

Die vorgestellten Texte können Schülerinnen und Schüler dazu anregen, sich selbst in eine – bekannte oder erfundene – Person hineinzudenken, um in deren Sprache und aus deren Sicht der Realität ein 'Statement' zu verfassen. Aneinandergereiht, nach Späths Vorbild, ergeben diese neu entstandenen Darstellungen unter Umständen ein ganz anderes Bild von gegenwärtigen Existenzbedingungen und -möglichkeiten.

In einem weiteren Schreibprojekt könnten Kurzgeschichten oder dramatische Szenen verfaßt werden, in deren Verlauf zwei oder mehrere der vorgestellten 'Mitbürger' aufeinandertreffen und sich gemäß ihrer tatsächlichen oder vorgetäuschten Eigenschaften und Überzeugungen verhalten.

Jurek Becker: [Personen] (S. 11 f.)

Im Gegensatz zu Gerold Späth stellt Becker seine „Personen" nicht namentlich als Individuen vor, deren Unterschiedlichkeit noch durch ihre Ausdrucksweise betont wird, sondern als eine homogene Gruppe, die sich als Ganzes von der Masse der 'normalen' Leute unterscheidet.

Der von diesen Personen berichtet, gehört ganz offensichtlich nicht zu ihnen. Er ist von ihrer Andersartigkeit so beeindruckt, daß es ihm zunächst gleichsam die Sprache verschlägt. Mit sich überstürzenden Relativsätzen versucht er die Attribute, die Wesensmerkmale der „Personen" einzufangen, die jedem anderen Zeitgenossen, genau wie ihm, ungewöhnlich und unverständlich erscheinen müssen – das kumpelhafte „du" setzt die übereinstimmende Einschätzung voraus.

Diese Einschätzung wird mit bezeichnenden Adjektiven verdeutlicht: Die Personen erscheinen „ungeschickt", „unfähig", „einfältig" und „untauglich". Wer solche Eigenschaften besitzt, tappt in Fallen, unterliegt im Streit, steht am Ende ohne Sicherheiten und Reserven da. Kein Wunder also, daß derart untüchtige und 'dumme' Leute von der Mehrheit belächelt und ausgenützt werden.

Soll sich nun der Leser diesem allgemeinen Urteil anschließen?

Auch beim flüchtigen Lesen wird ihn die Bemerkung irritieren, daß die besagten Personen „dir ein schlechtes Gewissen bereiten" (S. 12, 17), weil „deren entgegengesetztes Verhalten dir [...] wie der größte Vorwurf vorkommt". Das schlechte Gewissen muß aus dem Wissen resultieren, daß das „entgegengesetzte" Verhalten das bessere, also das richtige wäre. Geht man den Gründen für den persönlichen und gesellschaftlichen Mißerfolg der „Personen" nach, so findet man sie in der Tat allein in deren Ehrlichkeit und in ihrem Vertrauen auf die Ehrlichkeit anderer (Offenlegen der Absichten, Einlösen von Versprechen, Eintreten für eine Überzeugung, Eingestehen von Fehlern, Glauben an Solidarität).

Die abwertenden Adjektive und abschätzigen Aussagen sind demnach ein ironisches Spiel des Autors. Beckers Text entpuppt sich als massive Kritik an der Verlogenheit und Herzlosigkeit, dem Opportunismus und Egoismus unserer Gesellschaft, indem er vorgibt, Personen, die sich den ungeschriebenen Gesetzen und üblichen Verhaltensnormen dieser Gesellschaft nicht unterwerfen können, zu karikieren.

Unbefangene Leser sind indes nicht geneigt, Wesenszüge und daraus folgende Verhaltensweisen als vorbildlich zu betrachten, die bei der Allgemeinheit bestenfalls mitleidiges Lächeln, meist aber Spott und Verachtung auslösen, in jedem Fall zu persönlichen Nachteilen führen. Aus täglicher Erfahrung wissen sie, daß Anpassungsfähigkeit und Erfolgsstreben notwendige und allseits geforderte Tugenden sind.

Vielleicht kann die Biographie des Autors (jüdisches Ghetto, Konzentrationslager, Verlust der Heimat, Parteiausschluß) verständlich machen, wie nötig für ihn solche Personen sind oder gewesen wären, mit deren Aufrichtigkeit und Uneigennützigkeit jederzeit gerechnet werden kann.

Aus der Sicht Jugendlicher gibt es gewiß andere auffällige Charaktereigenschaften und Handlungsweisen bestimmter „Personen", die eigentlich bewundert und nachgeahmt werden müßten, tatsächlich jedoch als naiv, unzeitgemäß und unklug abgetan und verlacht werden. Es könnte eine reizvolle Aufgabe sein, aus der Perspektive eines Erfolgreichen eine aktuelle 'moralische Minderheit' zu beschreiben – ironisch irreführend wie Becker, ohne freilich dessen sprachliche Besonderheiten kopieren zu wollen. Denkbar wäre auch eine ironisch-distanzierte Schilderung der Angepaßten, der 'gewöhnlichen Leute', die in der Beurteilung dessen, was nützlich und erstrebenswert ist, einer Meinung sind und ihre Irritationen bei der Wahrnehmung entgegengesetzten Verhaltens überspielen.

Rudolf Otto Wiemer: Frühzug (S. 100ff.)

Der (Un-)Held dieser Geschichte ist auch eine Person, die sich für andere 'verausgabt' und dafür verständnislos belächelt wird: ein „Spinner" (S. 100, 32).

Wie Jurek Becker läßt Wiemer einen 'gewöhnlichen' Zeitgenossen berichten, einen Lokführer, der dies in epischer Breite tut. Er erzählt von einem älteren Herrn, es ist „ein kleiner, ziemlich magerer Bursche, mit kurzen, krummen Beinen, wie es uns vorkam, und mit einer Brille", der pünktlich jeden Morgen an einer gefährlichen Straßeneinmündung den Verkehr zu regeln versucht. Das Zugpersonal hat den „Alten" ganz einfach für verrückt gehalten, doch inzwischen kennt der Lokführer die Gründe für die 'Spinnerei': Der Mann will die Verkehrsteilnehmer vor dem Schicksal seines Sohnes bewahren, der an eben dieser Stelle zu eben dieser Tageszeit tödlich verunglückt ist, weil kein Warnschild aufgestellt war.

Wenngleich die Lösung erst am Ende der Geschichte mitgeteilt wird, ist hier die didaktische Absicht sofort klar.

Ohne sich um das Ansehen bei anderen zu bekümmern, folgt der Rentner seinem Gewissen und seinem Verantwortungsgefühl. Anstatt nach einem langen Arbeitsleben „in die Dumpfheit des Ohne-Mich zu flüchten"[34], anstatt nach einem Schicksalsschlag sich der privaten Trauer zu überlassen, macht er einen 'kleinen Schritt' nach vorne, in die Öffentlichkeit, um fremdes Unglück zu verhindern. Das „Lob der kleinen Schritte" (vgl. Materialien, S. 130) ist die „Botschaft", die Wiemers „verfremdeter Engel ... zu verkünden hat".[35] Der erzählende Lokführer, der sich in erster Linie für seinen Zug und die Streckenführung interessiert, kann ein solches Lob oder wenigstens Verständnis freilich (noch?) nicht formulieren.

---

(34) Ingeborg Drewitz: Einleitung zu ‚Hoffnungsgeschichten', zu denen sie diesen Text aufgenommen hat (Materialien, S. 116f.).
(35) Inge Meidinger-Geise: Rudolf Otto Wiemer. In: KLG, 7. Nlg., 1981, S. 7.

Urs Widmer: Buchhändler! (S. 99) · **Lokomotivführer!** (S. 99f.)

Für die beiden Männer, die in Widmers Texten mit „du" angesprochen werden, scheinen Leben und Beruf dasselbe zu sein.
Der Buchhändler liebt seine Buchhandlung und seine Bücher, er sitzt und liest. Große Verkaufserfolge kann er nicht erzielen, da er eben das tut, „was der moderne Buchhändler von heute nicht tun darf", z. B. zum eigenen Vergnügen Bücher horten, die „fast niemand" liest.
Der Lokomotivführer hat „alle Hände voll zu tun", auch er liebt seinen Beruf. Nach seiner Pensionierung wird er – so sieht es sein Gesprächspartner voraus – den Führerstand seiner E-Lok mit dem Platz an einem Wohnungsfenster vertauschen, von dort aus beobachten und reagieren wie immer.
Bei den Titelhelden hat die Einstellung zum Beruf offensichtlich alle anderen Interessen verdrängt, einen anderen Lebensinhalt gibt es nicht: Der Buchhändler bleibt Buchhändler, auch wenn er kein Buch mehr verkauft, und der Lokomotivführer bleibt Lokomotivführer, auch wenn er sich nur noch aus dem offenen Fenster seines Hauses lehnen kann.
Beide Texte kippen ins Groteske.
Der Buchhändler soll 'sein' Buch bekommen, eigens für ihn, nur für ihn geschrieben, und den Verfassern soll er regelmäßig von seinem wichtigsten Buch erzählen, das er nicht nur nie verkauft, sondern nie geschrieben hat.
Der Lokomotivführer wird erinnert an einen Kollegen, der mit seinem Zug verunglückte, weil er unbedingt schnell die Bahnhofstoilette erreichen wollte, und an seinen Sohn, für den sich ein ähnliches Problem, falls er Pilot wird, noch schwieriger gestalten würde.
Ohne ausgesprochen satirisch zu werden, zeigt der Autor, wohin die 'Liebe' zum Beruf führen kann. In wenigen Zeilen klingt an, was den Romancier und Erzähler als „eine Rarität in der deutschen Literatur" auszeichnet: seine Texte sind „tiefsinnig und extrem unterhaltend zugleich".[36]

Peter Bichsel: Wege zum Fleiß (S. 20ff.)

Auch Widmers Landsmann Peter Bichsel versteht es, „tiefsinnig und extrem unterhaltend" zu plaudern, wie wohl die meisten Schülerinnen und Schüler von seinen Geschichten für Kinder wissen. Doch wenn er sich der Arbeitswelt, der Arbeitsauffassung und Arbeitsmoral in seinem Land zuwendet, schlägt er einen bitteren und ernsteren Ton an.
Bichsel erzählt vier Geschichten, die das Verhältnis zwischen Arbeitgeber und Arbeitnehmer sowie deren Einstellung zu diesem Abhängigkeitsverhältnis exemplarisch aufzeigen.

Erste Geschichte: Ein Arbeitsloser lehnt eine Stelle ab, weil er nur kurz-, nicht etwa auch am Freitag arbeiten will –
das wird oft erzählt und immer weiter erzählt, aber niemand weiß, ob es sich wirklich so zugetragen hat.

Zweite Geschichte: Ein älterer Arbeitnehmer geht gegen ärztlichen Rat zur Arbeit, weil die Firma andernfalls mit Entlassung droht –
das ist wahr, wird aber selten erzählt.

---
(36) Andreas Isenschmid in DIE ZEIT vom 10. 4. 1992.

Dritte Geschichte: Ein unqualifizierter, aber erfolgreicher Unternehmer wird von Arbeitslosen bewundert, weil er es zu etwas gebracht hat –
das passiert tatsächlich, allerdings nicht sehr oft.

Vierte Geschichte: Gazellen verzichten auf die von ihnen selbst geforderte Mitbestimmung, weil sie sich davon haben überzeugen lassen, daß sie als Löwen auch Gazellen fressen würden –
das ist selbstverständlich erfunden und als Gleichnis angeblich unbrauchbar.

Bichsels Kommentare zu diesen vier Geschichten geben seine Empörung über eine Entwicklung wieder, die bereits deutlich sichtbare Folgen zeige:
Die Vorstellung, Arbeit habe „etwas mit Menschenwürde und Selbsterfüllung zu tun" (S. 22, 2 f.), sei nun überholt. Mit Vorwürfen und erpresserischen Forderungen würden Arbeiter diszipliniert und zu höheren Leistungen gezwungen. Diese selbst rebellierten nicht mehr gegen inhumane Unternehmer, sondern sähen sie als Vorbild an.
Der Druck der Gegebenheiten („man kann wieder auf dem freien Menschenmarkt Arbeit einkaufen", S. 21, 36 f.) treibt die Arbeiter zu Verhaltensweisen, die spätestens seit der Gründung der Gewerkschaften in der breiten Öffentlichkeit als entwürdigend und unerträglich gelten. Aus Angst vor willkürlichen Repressalien vernachlässigen sie ihre Gesundheit, sie biedern sich den Arbeitgebern an und stimmen in deren Klagen über die faulen Arbeiter ein. Gerade deshalb ist die vierte Geschichte sehr wohl ein Gleichnis für die geschilderte Situation: Arbeiter und Unternehmer sind 'natürlich' nicht weniger verschieden als Gazellen und Löwen.
Eine Schülerdiskussion über die Situation der „fleißig" gewordenen Arbeiter, über das Berufsleben überhaupt wird immer weitgehend theoretisch bleiben. Die Texte von Widmer und Bichsel enthalten aber Gedankenanstöße, die dazu genutzt werden könnten, aus der Perspektive eines Betroffenen in einer der Absicht entsprechenden sprachlichen Form persönlich empfundene Freuden, Zweifel, Zwänge und Enttäuschungen darzustellen.

Erich Fried: Der junge Baum (S. 37 f.)

In den bisher für eine thematische Reihe ‚Charakterbilder' vorgeschlagenen Texten sind die beschriebenen Verhaltensweisen zwar z. T. zu verurteilen, z. T. schwer nachzuvollziehen, aber immerhin aus dem dargestellten oder zu erschließenden Umfeld erklärbar. Bei Erich Frieds Geschichte vom jungen Baum, der von einem nicht näher bestimmten „Er" nach und nach entlaubt wird, kann sich der Leser mit der angebotenen Begründung für dessen Verhalten überhaupt nicht zufriedengeben. Während der Erzähler im ersten Satz vorgibt, das Abreißen der Blätter habe den Zweck, „etwas mehr Tageslicht" ins Arbeitszimmer zu bringen, teilt er im letzten Satz mit, daß „schon [!] der Strauch neben der Gartenpforte an der Reihe" sei, der mit Sicherheit keinen Schatten in das besagte Zimmer wirft, daß die Aktion sich also verselbständigt hat und fortgeführt werden wird.
Durch die wechselnde Folge von präziser Beschreibung und innerem Monolog wird das Vorgehen des scheinbar sensiblen Helden anschaulich vorgeführt. Den Vorsatz, den Baum rücksichtsvoll und schonend zu behandeln, gibt er sofort auf, als sich dieser mit einem Fleck auf der Kleidung 'revanchiert'. Er betreibt ein intensives Training. Danach führt er die Übung, die er bald fehlerlos beherrscht, zur eigenen Befriedigung und Erfrischung oder einfach aus Langeweile aus.
Wie soll dieser Entblätterungsakt verstanden werden?

Eindeutig ist die Aussage dahingehend, daß einer, der die Fähigkeit oder Macht dazu hat, mit der Begründung, unter der allzu üppigen Existenz eines nahezu Wehrlosen zu leiden, diesen (und in der Folge nicht nur ihn) seiner Lebensgrundlage beraubt. Die Eskalation der Maßnahme von einer eher rücksichtsvollen Notwehraktion zu einer sportlichen Übung oder gar Sucht läßt jedoch ganz verschiedene Deutungsansätze und Assoziationen zu. Nach der Lektüre sollten die Schülerinnen und Schüler vielleicht die Gelegenheit oder den Auftrag bekommen, spontan ihre Gedanken niederzuschreiben. Diese Notate sind dann Grundlage für eine vermutlich kontrovers zu führende Diskussion, deren Ziel keine verbindliche Interpretation sein kann, die sich aber, mit einem Verweis auf Frieds Bedeutung als politisch engagierter Dichter, nicht in der Argumentation von Naturschützern erschöpfen sollte.

Peter Handke: [26. März/27. März] (S. 48 ff.)

Peter Handke hat sein 'Journal' mit der Widmung versehen: „Für den, den's abgeht." Es enthält nach eigener Aussage „die spontane Aufzeichnung zweckfreier Wahrnehmungen, die im 'Augenblick der Sprache' von jeder Privatheit befreit und allgemein" erschienen (vgl. Materialien, S. 120).
Nach Handkes Überzeugung müßten die festgehaltenen Wahrnehmungen jeden etwas angehen: „man kann ja nur von etwas reden oder etwas aufzeichnen, wo man instinktiv überzeugt ist, das müßten eigentlich alle kennen [...]".[37]
Es erscheint günstig, die Tagebuchausschnitte ans Ende einer Sequenz zu stellen, in deren Verlauf kurze Charakterbilder auch hinsichtlich ihrer sprachlichen Gestaltung verglichen werden, denn „wer ein Tagebuch führt, braucht keine Grenzen in bezug auf Material und Stil zu berücksichtigen. [... Dem], der ein Tagebuch veröffentlicht, ist freigestellt, sich selbst so bloßzulegen, wie er es für nötig hält" (Peter Wapnewski).
Bei Handke darf man auf den Grad der Bloßlegung gespannt sein, da ihm von der Literaturkritik gelegentlich eine „hemmungslose", „selbstherrliche" oder „ichbesessene" Versenkung vorgeworfen wird und er schon als „Voyeur seiner selbst" bezeichnet wurde.
In den Aufzeichnungen vom 26. und 27. März gibt der Verfasser jedoch wenig von sich preis, obwohl er sich in einer außergewöhnlichen und beunruhigenden Situation befindet, nämlich auf dem Weg zum und dann im Krankenhaus. Er notiert die äußeren Ereignisse, die aber nicht sehr bedeutsam erscheinen, seine Überlegungen, die auf die Äußerungen der Ärzte folgen, Wahrnehmungen des eigenen Fühlens, aber auch plötzliche, keinen inneren Zusammenhang zeigende Erinnerungen, Reflexionen und Gedankensplitter.
Statt der in der traditionellen Tagebuchliteratur üblichen Selbstbeobachtung findet man mehr Umweltbeobachtung und die Wiedergabe blitzartiger, unreflektierter Einfälle und „sensualistischer Impressionen"[38], die ohne schriftliche Fixierung wohl größtenteils kaum wirklich wahrgenommen, zumindest rasch wieder vergessen würden. Für den, der augenblicklich notiert, was er sinnlich oder geistig erfährt, sind solche Aufzeichnungen Mittel zur Selbsterkundung; der Leser kann die Introspektion nur in Grenzen nachvollziehen.

---

(37) Peter Handke: Aber ich lebe nur von den Zwischenräumen. Ein Gespräch, geführt von Herbert Gamper. Ammann-Verlag, Zürich 1987, S. 182.
(38) Wapnewski (Anm. 2), S. 263.

Wapnewski übt an Handkes Methode harsche Kritik. Er vermag in dem 'Journal' keine „stellvertretende Berichterstattung" zu erkennen, die etwa die Erfahrung des Lesers ergänzen könnte, sondern nur „ein fades Verwirrspiel aneinandergereihter Notizen".[38] Er vermißt das Zusammenfügen der akribisch verbuchten Details, die isoliert „von schrecklicher Belanglosigkeit"[38] seien, zu einem Gesamtbild, also genau das, was Handkes ursprünglicher Plan war, der dann „allmählich ... zerstört" wurde (vgl. Materialien, S. 120).

Der kreative Leser könnte nun versuchsweise leisten, was der Kritiker einfordert, der Autor jedoch bewußt unterlassen hat, nämlich einen zusammenhängenden Bericht über den 26. und 27. März im Leben des P. H. verfassen. Er könnte sich von dem Text selbst auch anregen lassen, über einen kurzen Zeitraum alles zu notieren, was er wahrnimmt, was er fühlt und was ihm durch den Kopf geht, um daraus ein Textstück zu gestalten.

3.2 Beziehungen: Nebeneinander/Miteinander/Gegeneinander

Die Qualität menschlicher Beziehungen bestimmt, ohne daß man sich dessen immer bewußt ist, ganz wesentlich die individuelle Lebensqualität. Schriftsteller mit einer besonderen Sensibilität für scheinbar belanglose, alltägliche Zusammenstöße geben ihre Beobachtungen auf eine Weise weiter, die den Leser zum Nachsinnen über Ursachen und Folgen auffordert.

Die unterrichtliche Behandlung der hier zusammengestellten Texte wird deshalb weniger auf das Verfassen eigener „Beziehungs"-Geschichten abzielen, sondern auf Reflexion und Diskussion über die Grundhaltungen, die verschiedenartige Beziehungen fördern, erschweren, belasten oder gar zerstören.

Zahlreiche Negativbegriffe wie Gleichgültigkeit, Egoismus, Mißtrauen und Aggressivität werden sich aufgrund der Textbeispiele auf die Themenliste drängen, aber auch Offenheit, Anteilnahme und soziales Gewissen.

Franz Hohler: Die drei Beobachter (S. 52)

Menschliche Beziehungen werden in dieser Geschichte überhaupt nicht erwähnt, abgesehen von der Tatsache, daß die drei Beobachter Freunde sind. Interessant für das Rahmenthema ist das Beobachtungsobjekt des dritten, der sich trotz der Einwände der beiden anderen auf Häuser konzentrieren will.

Dabei erfährt er aber nicht die von ihm erwarteten äußerlichen Veränderungen, sondern Dinge, die „geradezu unheimlich" sind, ihn zwölf Jahre völlig in Anspruch nehmen, so daß er es „zu nichts bringt" und sichtbar altert.

Die Phantasie des Lesers muß tätig werden und herausfinden, was dieser Mann, der sich auf augenfällige Erscheinungen aufgrund chemischer oder physikalischer Prozesse am Objekt Haus selbst eingestellt hatte, tatsächlich gesehen hat.

Zwangsläufig hat er von seinem Beobachterposten aus nicht nur die Bauwerke, sondern auch deren Bewohner und Besucher im Visier. Was er unbeteiligt aus sicherer Distanz registrieren will, wird zum Erlebnis.

Menschen zu beobachten, die eine gewollte oder zufällige Beziehung zueinander haben, ist ein Abenteuer, das Erregung und innerliches Miterleben verlangt. Sich die Facetten

---

(38) Wapnewski (Anm. 2), S. 265. S. 267.

eines solchen Abenteuers auszumalen, ist wohl ganz im Sinne des Autors: „Für mich heißt 'Interpretation' eigentlich fast dasselbe wie 'Assoziation'. Ich verstehe einen literarischen Text nicht als Rätsel, das es aufzulösen gilt, sondern mich interessiert, was den Lesern dabei in den Sinn kommt."[39]

Ludwig Fels: Das Haus (S. 34f.) · Bekanntschaften (S. 35f.)

Der erste Text von Ludwig Fels über ein bestimmtes Haus und dessen Bewohner kann wie eine Fortsetzung zu Hohlers Geschichte gelesen werden: Ein außenstehender Erzähler berichtet, was er über die Mieter und den Vermieter der acht Wohnungen in Erfahrung gebracht hat.
Seine Aussagen klingen zunächst nüchtern, emotionslos und wertungsfrei; er zählt die Bewohner auf und nennt ihre Eigenheiten. Auffällig ist dabei die Wahl der Verben, die die Beziehung der Menschen zu 'ihrem' Haus kennzeichnen: der Rentner „haust", das Pärchen „lebt", die Geschiedene „wohnt", die Schlüsselkinder „sind daheim", der Vermieter „ist [selten!] anwesend", das Ehepaar „steckt". Die Frau und der Vertreter haben anscheinend kein besonderes Verhältnis zu ihrer Wohnung, sie benützen sie nur.
Die Charakterisierung der einzelnen Wohnungsnehmer wirkt lächerlich und platt, weil sie nur wiedergibt, was 'man' vom Hörensagen weiß und weitererzählt, also unterhaltsamen Klatsch. Kommunikation findet in dem Haus nur hinter geschlossenen Türen statt. Zufällige Begegnungen an den Briefkästen führen allenfalls zu einer förmlichen Begrüßung, im Hof ist Spielen verboten, vor dem Haus gibt es nur die Straße, also Anonymität. Das gemeinsame Leben unter einem Dach fördert keine Solidargemeinschaft, sondern nur einen spießigen Voyeurismus, keine mitfühlende Anteilnahme, sondern hinterhältige Neugier.
Ludwig Fels reiht Versatzstücke aus Gesprächen über die jeweils anderen aneinander, weil Gespräche miteinander nicht geführt werden. Satire und Ironie stellen sich dabei wie von selbst ein, eine gewisse Betroffenheit beim Leser wohl auch, da er „das Haus" durchaus nicht als übertrieben dargestellten Einzelfall betrachten kann.
Wenn über Intention und Gestaltung des Textes gesprochen wird, könnte man zum Vergleich untersuchen, wie Marie Luise Kaschnitz 'ein ruhiges Haus' beschreibt.[40]

Ein ruhiges Haus
Ein ruhiges Haus, sagen Sie? Ja, jetzt ist es ein ruhiges Haus. Aber noch vor kurzem war es die Hölle. Über uns und unter uns Familien mit kleinen Kindern, stellen Sie sich das vor. Das Geheul und Geschrei, die Streitereien, das Trampeln und Scharren der kleinen zornigen Füße. Zuerst haben wir nur dem Besenstiel gegen den Fußboden und gegen die Decke gestoßen. Als das nichts half, hat mein Mann telefoniert. Ja, entschuldigen Sie, haben die Eltern gesagt, die Kleine zahnt, oder die Zwillinge lernen gerade laufen. Natürlich haben wir uns mit solchen Ausreden nicht zufriedengegeben. Mein Mann hat sich beim Hauswirt beschwert, jede Woche einmal, dann war das Maß voll. Der Hauswirt hat den Leuten oben und den Leuten unten Briefe geschrieben und ihnen mit der fristlosen Kündigung gedroht. Danach ist es gleich besser geworden. Die Wohnungen hier sind nicht allzu teuer und diese jungen Ehepaare haben gar nicht das Geld, umzuziehen. Wie sie die Kinder zum Schweigen gebracht haben? Ja, genau weiß ich das nicht. Ich glaube, sie binden sie jetzt an den Bettpfosten fest, so daß sie nur kriechen können. Das macht weniger Lärm. Wahrscheinlich bekommen sie starke Beruhigungsmittel. Sie schreien und juchzen nicht mehr, sondern plappern nur noch vor sich hin, ganz leise, wie im Schlaf. Jetzt grüßen wir die Eltern wieder, wenn

---
(39) Franz Hohler in: Praxis Deutsch 81, 1987, S. 16.
(40) In: Marie Luise Kaschnitz: Steht noch dahin. Suhrkamp, Frankfurt a. M. 1972, S. 71.

wir ihnen auf der Treppe begegnen. Wie geht es den Kindern, fragen wir sogar. Gut, sagen die Eltern. Warum sie dabei Tränen in den Augen haben, weiß ich nicht.

Zu diskutieren wäre, ob diese konstruierte böse Geschichte den Leser stärker beeindruckt als eine eher spöttische 'Realsatire'.
Wie ehemals intakte Beziehungen zwischen guten Freunden durch „irgendsoein Leben" zerstört werden, so daß schließlich wieder nur „eine verkrachte Gesellschaft" übrigbleibt, zeigt Ludwig Fels in seinem Text ‚Bekanntschaften'.
Der Ich-Erzähler kann uneigennütziges, leidenschaftliches Interesse am Schicksal eines anderen nirgends mehr feststellen, auch nicht bei sich selbst. Die alten, 'echten' Bekanntschaften haben sich aufgelöst, weil jeder sein eigenes Glück gesucht und „sich […] eingerichtet" hat (wie in ‚Das Haus' wird nur aufgezählt, was man von den einzelnen so nebenbei erfährt). Neue Bekanntschaften erschöpfen sich meist in kurzen, unverbindlichen Begegnungen, da niemand Zeit zu haben glaubt, sich mit einem anderen Menschen und dessen Anliegen aufzuhalten.
Der Erzähler, der über sich selbst eigentlich schweigen möchte, räumt ein, daß er ohne „Saufen" oder Notlügen überhaupt kein Gespräch zustandebringt, und auch die so entstehenden Gespräche gehen am Wesentlichen vorbei. Wenn Beziehungen einmal vernachlässigt worden sind, Freundschaften nicht gepflegt oder gegebenenfalls wieder 'gekittet' werden, läßt sich ihr 'Sterben' nicht aufhalten.

Brigitte Kronauer: Der Kontrolleur (S. 56 ff.)

In ihren ‚Aufsätzen zur Literatur' bekennt sich Brigitte Kronauer zum Fiktionalen in und an der Literatur. Sie wendet sich gegen die angeblich realistische „Brutalschreibe" und die „hartnäckigen Leben-Literatur-Verwechsler", lobt dagegen die Spieler, die Erfinder von Geschichten.
Sie selbst hat eine Geschichte erfunden von einem Kontrolleur, der gar keiner ist, und sie läßt ihre Ich-Erzählerin die Überzeugung äußern, daß alle in der erfundenen Geschichte auftretenden Personen diese weitererzählen werden. Beim Weitergeben wird es dann aber „eine [Geschichte] mit zwei Personen" sein, den beiden Protagonisten der Szene, während die Originalversion durchaus auch die 'Statisten' mit einbezieht.
Das erzählende und beobachtende Ich gehört auch zu den Nebenpersonen, den S-Bahn-Insassen. Nach dem ersten 'Manöver' des falschen Kontrolleurs wäre zu erwarten, daß die Leute belustigt oder verärgert reagieren, aber es sind keine eindeutigen Zeichen zu entdecken. Nach dem zweiten Streich sieht man „gekrauste Stirnen", aber nur für einen kurzen Augenblick. Beim nächsten 'Angriff' herrscht gespannte Aufmerksamkeit, die sich jedoch niemand anmerken lassen will. Nur ein einziger Mann, der schon vorher seine Erregung kaum verbergen konnte, macht nun seiner Empörung Luft, indem er den Unruhestifter lautstark beschimpft und sich dabei, wie um Unterstützung werbend, an die übrigen Fahrgäste wendet. Doch weder der Angegriffene noch die Angesprochenen scheinen beeindruckt zu sein. Selbst bei massiven Beleidigungen wird jede Parteinahme fast verbissen und gewaltsam unterdrückt. Die Spannung löst sich erst, als der Beschimpfte schließlich aussteigt und draußen noch einmal aus „Trotz" extra laut pfeift, worüber alle – außer dem erschöpften Schreier – nun befriedigt lächeln können.
Die geschilderte Szene läuft wie ein Film vor den Augen des Lesers ab, der sich leicht in einem der scheinbar geduldigen und toleranten Fahrgäste wiedererkennen kann und sich deswegen ertappt fühlt.

Rechtfertigungsgründe für das Nicht-Handeln, das Wegsehen und Weghören liegen zwar auf der Hand, doch spürt jeder die Peinlichkeit solchen Verhaltens. In der erfundenen Geschichte werden sich die verkrampft-neutralen Schweiger ihres schlechten Gefühls entledigen, indem sie den Vorfall ohne Erwähnung ihrer eigenen Rolle weitererzählen. Für den ertappten, selbstkritischen Leser bleibt die Frage, ob und wie in einer vergleichbaren Situation zufällig anwesende Zeugen des Geschehens ihre Mit-Bürgerpflichten erfüllen können, ohne einer für sie illusorischen Forderung nach heldenhaft-kämpferischem Auftreten nachkommen zu müssen.

Gabriele Wohmann: Wer kommt in mein Häuschen (S. 102 ff.)

„Am schlimmsten war wohl, daß sie und er einander betrogen" (S. 104, 27 f.). So lautet die Kurzfassung der bisherigen Beziehungen zwischen Felix und seiner Mutter. Der Sohn hat erfolgreich das Fieberthermometer manipuliert, um zu Hause bleiben zu können, denn er fürchtet „die häßliche Welt der Gleichaltrigen". Die Mutter drängt ihn dennoch zum Training, aber nicht aus Fürsorge, wie sie vorgibt, sondern weil sie allein sein will. Der Junge schwänzt das Training, die Frau läßt eine Patientin sitzen. Beide glauben ihre unrechtmäßige Freizeit zu genießen, doch während sich bei Felix „eine brutalisierende Aufrüstung im Gemüt" vollzieht, überkommt seine Mutter eine Welle von Zärtlichkeit für das „Felixchen", das von ihr immer nur abgeschoben wird. So ist es nicht verwunderlich, daß sich der Sohn bei der unerwarteten Begegnung überführt fühlt und nicht weiter weiß, die Mutter dagegen so gerührt ist, daß sie sich hinreißen läßt, ihren „armen kleinen Liebling" in das „Häuschen" ihrer ausgebreiteten Arme zu rufen. Sie ist froh, auf diese Weise ihre Selbstvorwürfe loszuwerden, und überwindet sogar ihre Hemmungen vor den „fremdländischen Frauen", die ihrerseits unverhohlen Anteil nehmen. Die offen gezeigte Freude über das 'Wiederfinden' überträgt sich unmittelbar auf den Sohn, der wie „ferngesteuert" losrennt, um seine „Portion" Glück nicht zu versäumen.
Der Schlußsatz markiert keine glückliche Lösung von Dauer, aber er läßt immerhin die Hoffnung zu, daß die gestörte Beziehung wenigstens „dann und wann" wieder von einem „Schutzengel" ins Lot gebracht wird, denn nach Überzeugung der Autorin ist „das Unglückselige [...] ohne die Glückseligkeit zu farblos".[41]
Felix ist, seinem Namen widersprechend, unglücklich, weil er Angst hat vor den Forderungen der Außenwelt und enttäuscht erkennen muß, daß der Fluchtweg zur „Mami" von dieser selbst verbarrikadiert wird. Doch auch die Mutter kämpft mit Enttäuschungen und der Angst, wegen der ständigen Beanspruchung durch andere ihr eigenes Leben zu versäumen. So kommt es zu diesem „Kleindrama des Alltags"[41], das eine glückliche Wende erfährt, da die Frau in der Lage ist, ihre bisherige Haltung zu analysieren und zu bedauern, und das Kind mit einer einzigen liebevollen Geste in die Lage versetzt wird, seinen Kummer zu vergessen und sich in die (wer weiß, wie lange?) offenen Arme zu werfen. Nur eine einseitig-pädagogisierende Lesart könnte der 'Erziehungsberechtigten' eine unangemessene Reaktion auf den Täuschungsversuch ihres Sohnes vorwerfen und damit gegen die Intention der Autorin verstoßen, die nach eigener Aussage „immer angegangen [ist] gegen Strenge, Härte, Erziehung zur Lebenstüchtigkeit im herkömmlichen Sinn".[41]

---

(41) Thomas Scheuffelen (Hrsg.): Gabriele Wohmann. Materialienbuch. Luchterhand, Neuwied 1979, S. 10; S. 37; S. 39.

Mögliche Ausweitung und Ergänzung

Schwierigkeiten des Miteinanderlebens lassen sich auch auf der inhaltlichen Grundlage einiger anderer Texte diskutieren, z. B.
- die Probleme eines naiv-gutgläubigen Außenseiters, der – hier im wörtlichen Sinn – nicht in die Gesellschaft paßt:
  Franz Hohler: Der Granitblock im Kino (S. 53)
- unabsehbare Folgen einer aufgezwungenen Fürsorge:
  Thomas Bernhard: Mildtätig (S. 19)
- die Unfähigkeit, sich auf ein Gegenüber einzulassen:
  Bettina Blumenberg: Gespräch (S. 23 f.)
- Argwohn und Mißgunst, verbunden mit Heuchelei und Selbstbetrug:
  Gisela Elsner: Die Mietserhöhung (S. 25 ff.)
- Abhängigkeitsverhältnisse, die das Selbstwertgefühl untergraben, aber des gesellschaftlichen Erfolgs wegen dennoch aufrechterhalten werden:
  Angelika Mechtel: Netter Nachmittag (S. 67 ff.)
- das oberflächliche Interesse an der Situation Verzweifelter:
  Hans Joachim Schädlich: Am frühen Abend (S. 87 f.)
- schließlich alle denkbaren Negativ-Schattierungen bürgerlichen Zusammenlebens:
  Gerold Späth: Commedia (S. 91 ff.)

3.3 Herausforderungen: Angst

„Fax der Weltgeschichte an die Gebildeten unter ihren Verächtern: Prinzip Hoffnung ersetzt durch Prinzip Angst."[42]
„Angst wird definiert als persönliches Erleben der Besorgtheit in einer als bedrohlich empfundenen Situation. Erkennen kann diese Situation jeder nur für sich."[43]
Schließt man sich dieser Definition an, so muß man davon ausgehen, daß Angst aus jeweils unterschiedlichen, d. h. unendlich vielen Faktoren resultiert.
Dabei sind nach Franz Weiner, Direktor des Max-Planck-Instituts für psychologische Forschung in München, immer zwei Grundtypen von Angst festzustellen: die Angst vor der Bedrohung der körperlichen Unversehrtheit und die Angst vor der Bedrohung der sozialen Anerkennung. Nur eine kollektiv erfahrene Angst – etwa die Angst vor strafenden Göttern bei Naturvölkern – fördert den Zusammenhalt der Gruppe. Im individuellen Bereich wirkt Angst je nach Veranlagung und Lebenserfahrung stimulierend oder lähmend, sie kann zu höchster Anstrengung führen oder in Verzweiflung und Isolation. Anhand ausgewählter Textbeispiele soll untersucht werden, wie die Autoren mit dem 'Prinzip Angst' umgehen, wodurch in ihren Geschichten Angst ausgelöst wird und wozu sie verschiedene Menschen herausfordert.

Peter Handke: Eine Zwischenbemerkung über die Angst (S. 50 f.)

„Von der Lebensangst kann sich niemand befreien. [...] Denn die Angst gehört zum Menschen."[44]

---
(42) Günter Nenning: Das Prinzip Angst. In: DIE ZEIT, 21. 2. 1992.
(43) Heidrun Graupner: Angst vor der Angst. In: Süddeutsche Zeitung, 25./26. 7. 1992.
(44) Graupner (Anm. 43).

Diese Aussage wird durch Handkes Text bekräftigt. Der Verfasser gibt zu, „sehr oft, meistens" Angst zu haben, und immer dann, wenn er Angst hat, glaubt er zu fühlen, „daß jetzt das Leben anfängt". Angst ist für ihn eine Herausforderung zu bewußtem Leben. Sie zwingt ihn dazu, aufmerksam zu sein und Dinge wahrzunehmen, die dem Glücklichen, weil der sich mit seinem Glück abkapselt, entgehen.
Eigene Angst ist die Voraussetzung, um die Angst anderer mitfühlen und verstehen zu können. Sie fördert soziales Bewußtsein, wenn es gelungen ist, sie zu überwinden. Der Schriftsteller bewältigt diese Aufgabe, indem er die eigene Angst zum Thema seines Schreibens macht (vgl. Materialien, S. 121, 35 ff.), indem er sich der Literatur zuwendet „als ich-rettender Gegenwirklichkeit".[45]
Zwischen Wirklichkeit und Gegenwirklichkeit ist Handkes ‚Zwischenbemerkung' eingebaut. Während zu Beginn die vorwurfsvoll-gelangweilte Reaktion eines Kindes auf die Wirklichkeit, die ständige Angst des Erwachsenen, mitgeteilt wird, äußert der Autor am Ende die Überzeugung, daß die Eröffnung der Gegenwirklichkeit, nämlich das Erzählen über die Angst, sogar das Kind erheitern würde.
Die Neigung des Verfassers zur Innenschau muß hier nicht noch einmal thematisiert werden. Die Diskussion sollte eher seine Aussagen über die Auswirkungen von Glück und Angst auf die davon Ge- und Betroffenen und deren Umfeld problematisieren.
Handkes Biographie läßt vermuten, daß er im Umgang mit Angstzuständen seit seiner Kindheit Erfahrung hat. Seine Behauptung, erst durch Angst würden die Augen geöffnet, wirkt auf den Leser überzeugend, bestätigt vielleicht dessen eigene Erfahrung. Irritierend dagegen erscheinen die Warnungen vor dem Glück, das sich die Menschen doch ständig selbst und allen geliebten anderen wünschen: „vernünftig", d. h. ein anderen mitteilbares und dadurch soziales Gefühl sei Glück nur selten, in der Regel „blindwütig aggressiv" und „bösartig".
Durch Besinnen auf persönliche Beobachtungen und Vergleiche mit anderen Texten müßten sich Handkes Aussagen argumentativ stützen, relativieren oder korrigieren lassen.

Jurek Becker: Das Bild (S. 13 ff.)

Jurek Becker erzählt eine Geschichte, ein Märchen vielleicht, von einem, der auszog, den Drachen zu töten, und der durchaus das Gruseln gelernt hat.
Spielerisch sind Märchenmotive und Alltagselemente, Phantasie und gegenwärtige Wirklichkeit gemischt:
Der Drache haust „irgendwo draußen" im Märchenland (in dem natürlich ein König mit einer schönen Prinzessin regiert), „zufrieden" und „gesättigt von dem täglichen Menschenopfer". Der Held lebt aber in einem ‚real existierenden' Staat mit verbotenen Büchern, Kohleheizung, Ausgehverbot und Polizisten. Der Gedanke an die mörderische Existenz des Drachen verursacht allgemeines Unbehagen, auch bei denen, die sich nicht unmittelbar bedroht fühlen. Wer dieses Unbehagen spürt und dennoch nichts unternimmt, weiß, daß er sich feige und unverantwortlich verhält, weil er Angst um das eigene Leben hat.
Der einzige, der sich seither dem Drachen entgegengestellt hat, war dabei nicht von sozialen Motiven geleitet, sondern von der Aussicht auf die Belohnung. Die sichtbaren

---

(45) Theo Elm: Peter Handke. In: Grimm/Max (Hrsg.): Deutsche Dichter, Band 8, Gegenwart. Stuttgart 1990, S. 533.

Folgen seines erfolglosen Kampfes schrecken potentielle Nachahmer ab, vergrößern noch die Angst der ohnehin Ängstlichen.

Für den namenlosen Helden, der „später einmal" den Drachen herausfordern wollte, wird „das Bild" der Prinzessin, die der unglückliche Kämpfer hatte gewinnen wollen, die zweite Herausforderung seines Lebens: Er will die schöne Königstochter erobern. Doch scheitert auch dieser Vorsatz zunächst an der übermächtigen Angst, jetzt allerdings der Angst vor der Blamage und der Überlegenheit möglicher Rivalen. Die Unfähigkeit, die Angst zu überwinden, führt zu einem Zustand der Bewegungslosigkeit, „daß er meinte, dieses Gefühl werde entweder bald vergehen, oder er müsse daran sterben" (S. 15, 30 ff.). Erst eine märchenhafte Verwandlung des Bildes, die paradoxerweise das im Märchen ausgesparte Altern der Prinzessin vor Augen führt, reaktiviert den Entschluß, den Drachen zu bezwingen, und zwar nicht irgendwann, sondern sofort. Das 'furchtbare' Bild, der Einbruch des Übersinnlichen, Unerklärbaren löst Erschrecken und Angst aus, aber eben die Art von Angst, von der Handke behauptet, sie öffne die Augen für die Angst anderer. Der seither um sich selbst Besorgte kann sich augenblicklich in die Situation der verzweifelten Prinzessin versetzen und soziale Gefühle entwickeln. Sein Tatmotiv ist nun nicht mehr das Verlangen, als Held gefeiert zu werden oder eine auch von anderen begehrte Frau zu erobern, sondern diese von ihrer Angst zu befreien. Die eigene Angst scheint überwunden (S. 17, 5; S. 9 f.). Wenn dem entschlossenen Helden am Ende das Herz dennoch „wie verrückt" schlägt, dann fürchtet er nicht um den Erfolg einer ehrgeizigen Mutprobe, sondern um das Gelingen einer riskanten, weil ungesetzlichen politischen Aktion, bei der „plötzlich" nicht mehr nur für ihn allein „alles auf dem Spiel" steht.

Die heldenhafte Entwicklung führt also von der Angst um körperliche Unversehrtheit über die Angst vor dem Verlust sozialer Anerkennung zur konstruktiven Angst vor der Angst anderer, die vielleicht ein 'vernünftiges' Glück ermöglicht – falls der Polizist nicht doch noch eingreift.

Beckers Text lädt auch zu ganz anderen Interpretationsansätzen ein; die Anspielungen auf die politische Führung, das gesellschaftliche System und die Bürgerreaktionen sind ja unübersehbar. Im Anschluß an Handkes Anmerkungen scheint es aber sinnvoll, dessen Thesen anhand dieser märchenhaften Erzählung zu überprüfen.

Peter Härtling: Der wiederholte Unfall oder die Fortsetzung eines Unglücks (S. 38 ff.)

Auch in dieser Geschichte empfindet die Hauptfigur beide Grundtypen der Angst. Zunächst muß Erwin Quenzer um seine körperliche Wiederherstellung bangen, aber noch im Krankenhaus beginnt die Angst um die Beibehaltung der beruflichen und sozialen Stellung. Danach bestimmt die Angst vor der tödlichen Krankheit sein Denken, die er durch einen Fluchtversuch bannen möchte.

Welche Angst ihn schließlich in die Verzweiflung, zur selbstmörderischen Wiederholung seines Unfalls treibt, könnte die Leitfrage für die Auseinandersetzung mit Härtlings Erzählung sein, die er, wie er im letzten Satz andeutet, nur zitieren will.

Wenn es zutrifft, daß jeweils jeder für sich eine Situation als bedrohlich, d. h. als angstauslösend erfährt, sollte man der Analyse der handlungsbestimmenden Ängste die Charakterisierung der Hauptfigur voranstellen.

Unsicherheit, Unzufriedenheit, Gleichgültigkeit und Selbstmitleid sind wohl deren hervorstechende Eigenschaften.

a) Unsicherheit/Entschlußlosigkeit: Der lange Einleitungssatz windet sich gleichsam, wie der Beschriebene selbst sich oft windet, um die mangelnde Entschlußkraft nachzuzeichnen. Was Quenzer „in einer Anwandlung" versprochen hat, möchte er am liebsten gleich wieder zurücknehmen.
Sein Krankenhausaufenthalt ist unangenehm, doch er möchte ihn verlängern, um 'draußen' keine Entscheidungen treffen zu müssen.
Sein fester Wille, die bisherige Berufstätigkeit aufzugeben, ist nach einer halben Stunde gebrochen, er verlangt „nachdrücklich" die Wiederaufnahme der Arbeit.
Er kann und will seine Familie nicht aufgeben, erliegt aber der 'Überrumpelung' durch eine junge Frau.
Als die neue Beziehung in eine Krise gerät, 'spielt' er weiter, bis die Partnerin eine Entscheidung trifft.

b) Unzufriedenheit: Quenzer hat vor seinem Unfall die Voraussetzungen für ein zufriedenes Leben erworben: eine gute Stellung, ein eigenes Haus, eine intakte Familie.
Doch seine Arbeit erfüllt ihn nicht, so daß er lustlos seine Texte schreibt. Seinen Bungalow kann er nicht genießen, weil er an die finanziellen Verpflichtungen denkt. Seine Familie bietet ihm nie das, was er gerade zu brauchen glaubt, sie strengt ihn an.

c) Gleichgültigkeit/Apathie: Quenzer erledigt seine beruflichen Aufgaben ohne innere Anteilnahme, eine Entlassung würde ihn nicht erschüttern.
Die Folgen seines Unfalls erträgt er klaglos, er schickt sich auch in den Drill des Sanatoriums.
Unangemessene Maßnahmen registriert er, ohne etwas dagegen zu unternehmen, auch wenn ihm seine Frau „katastrophales Desinteresse" vorwirft.
Als es ihm schlechter geht, kümmert er sich nicht um ärztliche Ratschläge, und als seine Geliebte ihn verlassen hat, bemüht er sich nicht, sie wiederzugewinnen.

d) Selbstmitleid: Weil Quenzer nie wirklich zufrieden ist, aber zu gleichgültig und entschlußlos, um die Zustände zu ändern, bedauert er sich selbst, zumal da er seine „Anlage zur Hypochondrie, zum Selbstmitleid" kennt.
Er besteht darauf, die Diagnose „Krebs" zu hören, um sich danach als 'Todeskandidat' zu fühlen.
Er begibt sich in das ungeliebte Büro, um verletzt zur Kenntnis zu nehmen, daß man ihn dort nicht vermißt.
Er drängt die Zuneigung zu seinen Töchtern zurück, um sich seinem Schmerz hinzugeben.

Nur ganz vereinzelt sind Ansätze zu Eigeninitiative und Lebensbejahung vermerkt:
– die spontane Reaktion auf die Zärtlichkeit der Kinder vor der Abreise;
– der Widerstand gegen die Einengung in ein kaserniertes Patientendasein;
– das Entzücken über Hildes „Mädchenblicke";
– die radikale Entschlossenheit, den Ausbruch zu wagen.
Erst nach dem Scheitern seines Fluchtversuchs wird Quenzer doppelt aktiv: Demonstrativ ergreift er alle Maßnahmen zur Erhaltung seines Lebens, insgeheim ordnet er seine Hinterlassenschaft. Sein Sprung in den Tod erscheint deshalb als überlegte und eigenbestimmte Tat.
Härtling weist darauf hin, wie schwierig es für ihn sei, kurze Erzählungen zu schreiben, weil sie ihn zwingen, sich auf die Darstellung eines kurzen Lebensabschnittes zu beschränken (vgl. Materialien, S. 118f.). Der vorliegende Text ermöglicht es dem Leser aber trotz dieser Beschränkung, sich das Leben des Helden vor dem Unfall, mit dem

der erzählte 'Abschnitt' beginnt, in groben Zügen auszumalen. Danach kann er sich den Selbstmord nicht einfach, d.h. monokausal, mit der Angst vor einem qualvoll langsamen Tod erklären. Denn es wird nicht allein von schicksalhaften Ereignissen berichtet, die Angst hervorrufen, sondern auch von Charakteranlagen und Verhaltensmustern, die die Überwindung teils eingestandener, teils unterschwelliger Ängste erschweren oder blockieren.

Referierend, diskutierend oder die Geschichte von einem bestimmten Punkt an umschreibend, kann man Antworten auf die Frage suchen, durch welche gegebenen Umstände das Ende notwendig so erfolgen muß oder welche Veränderungen im Umfeld des Helden seine Verzweiflungstat hätten verhindern können.

Günter Kunert: Lieferung frei Haus (S. 59 ff.)

Der Umgang mit dieser Geschichte ist nicht ganz einfach.
In einer sperrig-spröden Sprache führt der Autor in eine Szenerie ein, die zunehmend unheimlicher wird, nur nicht für die Hauptperson, die, neugierig und schadenfroh, das fremde Entsetzen ungerührt oder befriedigt zur Kenntnis nimmt.
Eine phantastische Geschichte, ein bißchen Horror vielleicht, da es um viele Leichen geht, so viele, daß sie „wegen Überfüllung der Friedhöfe" in Privatwohnungen umquartiert werden müssen.
Um auf die makaber-surrealistische Textebene vorzubereiten, könnte man andere kurze Kunert-Geschichten voranstellen, deren gesellschaftskritische Aussage leichter zu erschließen ist, etwa ‚Sintflut'[46] oder ‚Zentralbahnhof'[47]. Dann wird sich die Aufmerksamkeit ungestörter auf Thema, Struktur und Hauptperson richten können.
Nach gründlichem Lesen werden die Schüler die Problematik der strafenden Gerechtigkeit, das Aufbauprinzip der Steigerung oder Zuspitzung und die unerschütterliche Selbstsicherheit des Friedrich W. Schmall erkennen.
Wenn es möglich ist, ihnen die 'Lösung' des Textes vorzuenthalten (etwa ab S. 64, 30 – Ende des 6. Kapitels), um sie selbst ein Schlußkapitel schreiben zu lassen, wird sich zeigen, daß die eindringliche Genauigkeit in der Beschreibung von Hauptperson und Geschehen, die Stringenz des Aufbaus und die in sprachlichen Auffälligkeiten versteckten Wertungen nur *eine* Richtung der Fortsetzung zulassen. Dies einmal nicht auf dem Wege der Textanalyse, sondern im produktiven Umgang mit der literarischen Vorlage zu erfahren, sollte Motivation sein, um Kunerts Erzählung genauer zu untersuchen.
Die eindeutig festgestellte Klimax ist an inhaltlichen Details leicht nachzuweisen: Die Tötungsdelikte, die zu der enormen Zahl von Leichen geführt haben, sind juristisch ganz unterschiedlich zu werten: vorsätzlicher Mord, fahrlässige Tötung, Hinrichtung auf Befehl, Verletzung mit Todesfolge ...
Da für die Behörden nur das Ergebnis zu zählen scheint, werden alle Täter gleichermaßen 'beliefert'. Allein der Erzähler ordnet seine Aufzählung. Dabei verunsichert er seine Leser zunehmend: Eine Ehefrau sei umgebracht worden, „aber nicht, wie Sie denken"; Schmalls Freundin habe ein Kind gehabt, über dessen Tod man – ebenso wie Schmall – nur Vermutungen anstellen kann, und als dieser selbst einen Sarg geliefert bekommt, ist er außerstande, einen Kommentar abzugeben. Eine Definition für das Umbringen eines Menschen wird immer schwieriger.

---

(46) In: Günter Kunert: Das Schreien der Fledermäuse, S. 224 ff.
(47) In: Günter Kunert: Tagträume in Berlin und andernorts. München 1972, S. 232 f.

Der Held steht am Ende verständnislos und entsetzt neben 'seiner' Leiche, obgleich er die vorausgegangenen Lieferungen genau beobachtet hat. Seine Selbstsicherheit läßt kein schlechtes Gewissen zu, die Angst, die 'zum Menschen gehört', ist ihm abhanden gekommen. Deshalb kann er weder die Angst der anderen mitfühlend teilen noch die zunehmend erschreckende Situation für sich selbst als bedrohlich ansehen.
Es geht, wie eigentlich immer in Kunerts Texten, nicht um ein unvermeidbares Schicksal, es geht um die Frage nach der Kausalität, also nach der Schuld. Vordergründig mag man zufrieden sein mit der Lektion, die dem Selbstgerechten erteilt wird, da man den Tod seiner Freundin der surrealen Ebene zuordnen kann. Offen bleibt aber die Frage, inwieweit der Prospekt einer Gesellschaft, in der jeder jederzeit Angst vor einer Vergeltung für seine Vergehen haben muß, ein Alptraum ist oder bitteres Wunschdenken.
Kunerts persönlicher und literarischer Werdegang läßt in beide Richtungen denken, da er Geschichten geschrieben hat, die „von der Hoffnung auf eine menschenwürdigere Zukunft über allmählich sich ausbreitende Zweifel bis hin zu einer globalen Katastrophen-Erwartung, ja Katastrophen-Gewißheit"[48] führen und er sich zu den „letzten Indianern Europas"[49] zählt, die trotz aller Ängste auf eine Rettung der Erde durch Veränderungen hoffen. (Vgl. Materialien, S. 125 ff., bes. S. 127, 34 ff.)
„Sie wissen, ich bin kein Optimist, eben weil es zu viele Optimisten gibt; ich bin auch nicht sehr hoffnungsvoll, der vielen grundlosen Hoffnungen wegen, aber ich meine, wenn diese Erde überhaupt noch irgendwann lebens- und erlebenswert sein soll und nicht nur ein globales Massengrab für Verhungernde und Vergiftete, müssen wir einsehen, daß sie eben nicht 'in Ordnung' ist, und zwar aufgrund ihrer Ordnung, deren Hypertrophierung das Verderben enthält."[50]
Als Impuls für eine weiterführende Diskussion sei auf Kunerts Gedicht ‚Antwort auf eine Anfrage' verwiesen:

Günter Kunert: Antwort auf eine Anfrage
Die allgemeine Hoffnung ist
daß es irgendwie weitergehen wird.
Wem die Haare ausfallen
braucht sich nicht mehr zu kämmen.
Die Anzahl der Verhungernden
ist in der Hauptsache eine Sache
der Statistiker
von denen manche eine Stunde
nach einer Befriedigung anstehen falls
sie dort wohnen wo
die Hoffnung zuhause ist irgendwie
ginge es weiter. Aber
die Rötung des Rundhorizontes
über den kärglichen Wäldern der Vororte
meldet der Spezies Morgenrot nicht.
Meine persönliche Hoffnung ist
nutzlos weil nur
darauf gerichtet, daß mir

---
(48) Uwe Wittstock: Günter Kunert. In: Deutsche Dichter, 8, S. 401.
(49) Günter Kunert: Die letzten Indianer Europas. Kommentare zum Traum, der Leben heißt. München 1991.
(50) Günter Kunert im Gespräch mit Dieter E. Zimmer. In: G. Kunert: Die Schreie der Fledermäuse. Hanser, München 1979, S. 375 ff.

in meiner sänftigenden Hängematte
unter dem lichtschirmenden Blätterdach
daß meinen Frauen und Hunden und
meiner offenkundigen Nacktheit
nicht das Schicksal widerfahre
meiner fernen und stimmschwachen Brüder
meiner kurzlebigen Gattungsgenossen
im Dschungel Brasiliens zum Beispiel
begleitet von gleichartigen Tränen
aus den starren Krokodilsaugen
der Menschheit: das Verschwinden
in einem ihrer akuten Rachen.[51]

H. C. Artmann: Auftritt eines rowdys (S. 7 ff.)

H. C. Artmann wird unter anderem als „Tausendsassa" der Literatur, als Sprach-„Jongleur", -„Clown" oder -„Alchimist", als „selbstkolorierter Dichter" oder „bizarrer Liebhaber der Poesie" gefeiert und geschmäht.
„Hans Carl Artmann [...] soll ein in Europa herumtrollender, wahrhaft ernsthafter, nach Meinung seiner Propagandisten sogar einer der letzten lebenden Dichter aus Österreich sein."[52]
„Seine bizarre Erscheinung, die allerdings nur für eine ans Denken in DIN-Normen trainierte Gesellschaft bizarr ist, ist nicht zu übersehen, anders als bei anderen Dichtern scheinen bei Artmann Person und Werk kaum trennbar zu sein."[53]
Da der Text ‚Auftritt eines rowdys' hier vornehmlich wegen seiner Aussagen zum Thema ‚Angst' betrachtet werden soll, empfiehlt es sich, mit dem ‚Vorwort des Autors' (Materialien, S. 111 f.) auf die Person des Autors und auf seine ‚Spracheruptionen' hinzuweisen, damit die Geschichte ohne größere Irritationen gelesen werden kann. Orthographische Akrobatik gibt es darin nicht. Artmann verzichtet darauf, die Laute wiederzugeben wie die mittelhochdeutschen Dichter, was er für angemessen hielte. An der Kleinschreibung hält er angeblich aus ästhetischen Gründen fest, um das Schriftbild schöner zu gestalten („Deutsch hat zu viele Oberlängen"). Daß das Lesen dadurch langsamer wird und mühsamer, ist für ihn durchaus kein Gegenargument.[54]
Der „Auftritt" eines Rowdys findet nur in der Vorstellung einer unbekannten männlichen Person statt. „Er" erinnert sich an einen Sonntag, wie „man" das immer tut, wenn er „gräßlich" war. In der Rückschau wird dieser Tag mit einem verschwitzten Hut verglichen, der einem von einem Fremden gegen den eigenen Willen aufgedrückt wird. Und weil so etwas nur ein Rowdy tun kann, malt die Phantasie verschiedene Varianten einer solchen Szene aus – ganz konkret in der eigenen Wohnung oder auf der Straße nach einem Kinobesuch. Der Rowdy wird bei seinem Auftritt im Detail beschrieben: seine gefährlichen Attribute, seine angsteinflößenden Körperbewegungen, seine Verbalangriffe und Drohungen (in verschiedenen Fassungen). Das Opfer überlegt sich sinnvolle Gegenmaßnahmen, verwirft aber alle realistischen Vorschläge sofort wieder. Wirksame

---

(51) In: Die Schreie der Fledermäuse (Anm. 50), S. 287. Zuerst in: Unterwegs nach Utopia. Hanser, München 1977.
(52) Rolf Haufs: ‚How much, schatzi?' In: Gerald Bisinger (Hrsg.): Über H. C. Artmann. Frankfurt a. M. 1972, S. 108.
(53) Urs Widmer: Über H. C. Artmann (Anm. 52), S. 134.
(54) ‚Bronx in der Sprache'. Interview mit H. C. Artmann. In: Der Spiegel 43, 1992.

Gegenwehr erscheint nur im Irrealis: wenn man Karate könnte, wenn man ein Mafioso wäre oder der Papst im Panzerwagen, wenn man eine Blendlaterne hätte oder einen scharfen Hund oder am Ende selbst ein Rowdy wäre ... Verzweifelte Angst und „ohnmächtiger Grimm" halten den Überfallenen zurück; vor dem Revolver und dem Filzhut scheint es keine Rettung mehr zu geben. Um die Spannung zu lösen, bemüht Artmann die Groteske: Er läßt den Rowdy „ärschlings" aufs Pflaster schlagen und ein Projektil aus dem Revolver „gen Himmel" fahren.

Am Ende der Geschichte muß also das Schmunzeln oder Lachen über den schrulligen Einfall und die übersteigerte Darstellung nicht erstarren. Es darf aber auch ein ernster Kern herausgeschält werden, nämlich die Einsicht, daß panische Angst von zufälligen Gedankenassoziationen und sich daran anknüpfenden Vorstellungen herrühren kann.

Erweiterungsmöglichkeiten

Angst, subjektiv empfundene Bedrohung des einzelnen oder einer Gruppe oder der gesamten Erde ist – im Alltag und in der Literatur – oft der entscheidende Auslöser für Handlungen, die objektiv und rational nicht zu erklären sind, so etwa in
- ‚Innerer Zwang' von Thomas Bernhard (S. 18f.),
- ‚Lau' von Bettina Blumenberg (S. 24f.),
- ‚Drohbrief' von Marie Luise Kaschnitz (S. 54),
- ‚Unter Wegen' von Hans Joachim Schädlich (S. 88ff.).

Kurt Marti: Meine Angst läßt grüßen (S. 66)

Für den Abschluß der Reihe ist die Notiz oder Betrachtung des Schweizer Theologen zu empfehlen, weil sie in heiterem Ton zur Anfangsthese zurückführt: Angst gehört zum Menschen, sie ist ihm „treu", findet immer wieder zu ihm zurück, wird sogar weitervererbt. Von Marti als lästiges Anhängsel, als „Klette" beschrieben, nützt sie die Trennung, nachdem man sich ihrer gewaltsam und mit schlechtem Gewissen entledigt hat, um sich zu regenerieren und kräftig erholt wiederzukommen. Der sich frei von „seiner" Angst glaubte, erfährt schon bald wieder, zunächst mittelbar, ihre Nähe: sie „läßt grüßen"!

3.4 Realitätsverlust: Fluchtversuche

Flucht als Reaktion auf eine Art von Lebensangst könnte das Thema einer eigenen Unterrichtssequenz sein, denn im Schutz der literarischen Texte fällt es vielleicht manchem leichter, über ein Problem zu sprechen, mit dem sich auch Jugendliche der 90er Jahre konfrontiert sehen, der Flucht in Lügen, in Träume, in Krankheiten, in alternative Lebensformen, weil die Kraft nicht auszureichen scheint, um sich den Forderungen der Wirklichkeit zu stellen.

Adolf Muschg: Vorübergegangen und davongekommen (S. 76ff.)

Der Ich-Erzähler wendet sich wiederholt an sein Publikum, um für seine Geschichte, die er in der Umgangssprache des Technikers wiedergibt, Verständnis und Anteilnahme einzufordern (S. 78, 7; S. 86, 8). Er ist noch einmal „davongekommen", hat einen Herzinfarkt überstanden und kann nun berichten, was alles „vorübergegangen" ist.

Er schildert einen Sonntag, an dem er gelernt hat, seine eigenen Ängste zu relativieren und die Ängste anderer zu begreifen. Den Ablauf des Tages hatte der alleinstehende Ingenieur genau vorausgeplant: Besuch des Gottesdienstes, danach Mittagessen bei seinem Sohn und dessen Familie. Eine plötzliche Übelkeit versetzt ihn in Angst und Unruhe, doch fürchtet er weniger eine ernsthafte Erkrankung als die Aussicht, gegen die geregelte Ordnung, die ungeschriebenen Gesetze genormten Bürgerverhaltens zu verstoßen. Dieses Denken bestimmt auch das Verhältnis zu seiner Tochter, deren Entschluß, zuerst das Studium und dann auch noch die Stelle aufzugeben, um „nach Indien oder noch weiter" zu trampen, ihn tief verletzt hat. Über die Gründe für das Aussteigen scheint er nicht nachgedacht zu haben.

Wenn er die alte Frau zum Einsteigen auffordert, handelt er nicht aus Mitgefühl, sondern aus Angst, durch auffälliges Benehmen Anstoß zu erregen (als sich „ein paar Spaziergänger" nach ihm umdrehen, wird ihm „wieder elend"). Seine Bereitwilligkeit, die offensichtlich desorientierte Dame nach Hause zu bringen, erklärt er – auch sich selbst – mit dem Umstand, daß er ohnehin gerade Zeit übrig habe, denn früher als verabredet darf er nicht zum Essen erscheinen. Was die alte Frau tatsächlich beabsichtigt, daß er ihr zur Flucht in ihre 'Heimat' verhilft, wird ihm erst nach und nach klar. Er empfindet Bewunderung für ihr „Gottvertrauen", das sich in gewisser Weise auf ihn überträgt, gerät aber durch ihre Beharrlichkeit in eine Situation, die für ihn äußerst peinlich ist, der er sich kaum gewachsen fühlt („die Stiche kommen schon wieder" S. 79, 20; „was sollte ich tun" S. 80, 12f.).

Wie gebannt beobachtet er das Verhalten des alten Fräuleins. Er glaubt, sich für sie entschuldigen zu müssen („etwas verwirrt ist sie auch" S. 82, 13; „sie hatte eine Absenz" S. 83, 10), und er versucht erfolglos, 'richtige' Antworten auf seine Fragen zu bekommen (S. 84, 11f.). Erst als er sich in „eine Müdigkeit" geflüchtet hat und nicht mehr zuhört, erzählt die alte Frau ihre wirkliche Geschichte („auf einmal verstand sie jedes Wort, und jetzt weinte sie auch" S. 85, 18f.): Immer wieder flieht sie aus der Realität des Altersheims, wo sie isoliert ist und niemanden kennt, wo sie bevormundet und „geschimpft" wird. Sie flüchtet sich in die „Absenz", in die Erinnerung an die vertraute Umgebung, in der sie „daheim" ist (S. 78, 35).

Sie hat die Entwurzelung nicht verkraftet, und man wird wohl schließlich auch ihre Fluchtversuche unterbinden, weil man sie für krankhaft und gefährlich hält. Dem Ich-Erzähler, der dies erkennt und der nun seinerseits wegen seines Ausbleibens Vorwürfe erhält, wird es „plötzlich eng wie nie".

„Richtig ein kleiner Herzinfarkt" ereignet sich am Ende der Sonntagsgeschichte, die so „unbedeutend" mit einem „Umwohlsein" begonnen hat. Nachdem aber die Herzattacke vorübergegangen ist, fühlt sich der Davongekommene gestärkt und für die Zukunft gewappnet.

Wie in seinen meisten Erzählungen beschränkt sich Muschg auch hier vordergründig auf soziale und psychologische Probleme im Rahmen des privaten Zusammenlebens – Entfremdung, Mißverständnisse, Angst, Hilflosigkeit. Er dokumentiert sein Interesse für Kontaktschwächen und Beziehungsnöte, für Berührungsängste und Erfahrungsmangel in und zwischen den Menschen.[55] Doch sind „Überlagerungen von Privatem und Gesellschaftlichem" unvermeidbar, denn „der Einzelne macht seine Erfahrungen in einer gesellschaftlich [...] verstandenen Umwelt und geprägt durch sie."[56]

---

(55) Siegfried Kienzle: Adolf Muschg. In: Deutsche Dichter, 8, S. 496.
(56) Heinz F. Schafroth: Adolf Muschg. In: KLG, 12. Nlg., 1982, S. 10.

Politische Entscheidungen und daraus folgende Entwicklungen (Muschg meint die konservative und an marktwirtschaftlichen Erfolgen orientierte Politik in der Schweiz der 70er Jahre) können für den einzelnen lebensbestimmend oder existenzbedrohend werden.
Daß der Erzähler in der vorliegenden Geschichte einen positiven Ausblick geben kann, verdankt er den jungen Leuten, die sich auch von restriktiven, unsozialen Maßnahmen keine Angst machen lassen, die – im wörtlichen wie im übertragenen Sinn – nicht an Flucht denken, sondern sich gelassen den Gegebenheiten stellen. Sie bewältigen den Besuch des alten Fräuleins ebenso souverän wie die Sperrung von Strom und Telefon, sie lassen sich nicht in konventionelle Normen zwängen und bewahren sich dadurch das Gespür für das Wesentliche. Offensichtlich leben sie nach dem Motto des Autors: „Untergehen gilt nicht" (vgl. Materialien, S. 128) und verhelfen zumindest ihrem unfreiwilligen Besucher zu einem Umdenken, das ihn befähigt, sich mit der Realität seiner Lebensumstände aktiv auseinanderzusetzen.
Vielleicht wird das „appellative Element"[56] in diesem Text als zu dominierend empfunden. Ein Verweis auf Muschgs zentrale Frage: „Literatur als Therapie?" und auf seine o. a. Ausführungen können die Diskussion über diesen Aspekt intensivieren.

Angelika Mechtel: Marthas kleine Reise (S. 69 ff.)

„Einmal im Monat war es soweit."
„Einmal im Monat ist es soweit, und sie bereitet ihre kleine Reise vor."

Anfang und Ende der Geschichte verweisen auf die regelmäßige Flucht der Titelheldin in Illusion und Selbstbetrug: Am Abend vor der Abreise packt sie gewissenhaft ihr Köfferchen, beim Verlassen der Wohnung schließt sie sorgfältig alles ab, als handle es sich um eine große Reise, doch jedesmal ist sie am frühen Abend wieder zurück. Sie erzählt im Zug – wenn sie 'Glück' hat und mit jemandem sprechen kann – von ihren Kindern und Enkeln, doch in Wirklichkeit hat sie keinen Kontakt zu ihnen. Sie flieht aus der Abgeschiedenheit ihres Zimmers in die Wunschvorstellung der liebenden und geliebten Oma, die zu ihrer Familie reist, und sie ist glücklich über eine zufällige Reisebekanntschaft, die es ihr erlaubt, diese Rolle für eine kurze Zeit aktiv zu spielen, „sie zeigt Hilfsbereitschaft und ist freundlich", „Kinder mögen sie".
Selbst mit den allmonatlichen Ausflügen, über die die Hausbewohner informiert sind, hat sich die alleinstehende Frau das Leben so eingerichtet, daß immer „alles in Ordnung" ist. Doch auch diese pedantische Ordnung ist nur eine Art Lebensersatz, wiederum Ergebnis eines Fluchtversuchs, der Flucht vor der Erinnerung an die zurückliegende Wirklichkeit.
Aus eingeschobenen Sätzen, die die Vergangenheit einblenden, läßt sich Marthas Lebenslauf rekonstruieren:
Flucht mit zwei Kindern aus dem ausgebombten Dresden,
Zusammenleben mit dem zum Alkoholiker gewordenen Ehemann,
Wegzug der Kinder,
Tötung des Ehemanns,
Selbstmordversuch,
fünfjährige Haftstrafe,
Umzug.

---
(56) Heinz F. Schafroth: Adolf Muschg. In: KLG, 12. Nlg., 1982, S. 10.

Anders als die alte Frau in Muschgs Erzählung scheint Martha eine Lebensstrategie entwickelt zu haben, mit der sie ihre Situation bewältigt, sie „ist zufrieden". Doch verfügt sie nicht über genügend Eigeninitiative, um verbindliche Kontakte zu knüpfen, vermutlich auch gehemmt durch die Angst, die 'Wirklichkeit' preisgeben zu müssen. Stattdessen beharrt sie auf irrationalen Ritualen (zu denen wohl auch der Friedhofsbesuch gehört), die ihr als einzige Perspektive dienen.

Klaus Stiller: Amerika! (S. 98 f.)

Noch einmal steht eine alte Frau im Mittelpunkt, die ein 'versäumtes Leben' zu beklagen hat, dies aber, wie der erste Satz mitteilt, nicht tut. Sie flüchtet sich lieber in Wunschträume von einem neuen Leben in Amerika, wohin sie „wahrscheinlich [...] auswandern werde". Sie schildert ihren Enkeln den Betrieb auf der künftigen Hühnerfarm, die sie gründen wird, so detailliert und realistisch, daß die Kinder an der Verwirklichung der Pläne überhaupt keine Zweifel haben. Daß sie die Absicht der Großmutter geheim halten sollen, macht sie nicht stutzig. Als diese aber unbewußt ausspricht, was ihr wirklicher Wunsch ist, dessen Erfüllung in der Alten Welt unmöglich scheint, nämlich „daß wir alle so viel zu essen [hätten], wie wir wollten", da erscheint den Kindern eben dieses Ziel der phantastischen Zukunftspläne als unrealistisch, als „übertrieben".
Die alte Frau geniert sich, Erwachsenen ihre Vorstellungen mitzuteilen; wenn aber Kinder sie bitten: „Großmutter, erzähl ...", dann entfaltet sie ihr Märchen vom glücklichen Leben, gibt den Nachkommen die Utopie preis, an die sie sich hält, um an der Wirklichkeit nicht zu verzweifeln.

Geschichte der deutschen Literatur
PEGASUS

6 Bände

6 Bände in 1 Band

Epochen der deutschen Literatur
Gesamtausgabe
(wie 6 Einzelbände mit Ergänzungen:
Mittelalter bis Barock und 80er Jahre)
Klettbuch 34749

Aufklärung / Sturm und Drang
Von Theo Herold und Hildegard Wittenberg
Klettbuch 34742

Klassik / Romantik
Von Wilhelm Große und Ludger Grenzmann
Klettbuch 34743

Biedermeier – Vormärz / Bürgerlicher Realismus
Von Joachim Bark
Klettbuch 34744

1 Band

Von den Anfängen bis zur Gegenwart
Von Wolf Wucherpfennig
Klettbuch 3474

Vom Naturalismus zum Expressionismus
Literatur des Kaiserreichs
Von Klaus D. Bertl und Ulrich Müller
Klettbuch 34745

Von der Weimarer Republik bis 1945
Von Theo Buck · Hans-Peter Franke · Ulrich Staehle
Dietrich Steinbach · Dietmar Wenzelburger
Klettbuch 34746

Von 1945 bis zur Gegenwart
Von Hans-Peter Franke
Ulrich Staehle · Gisela Ullrich
Dietmar Wenzelburger
Klettbuch 34747

Zum Nachschlagen

Lexikon der Autoren und Werke
Von Christoph Wetzel
Klettbuch 34748

Ernst Klett Schulbuchverlag
Postfach 10 60 16, 70049 Stuttgart

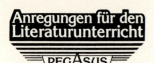

Anregungen für den Literaturunterricht
PEGASUS

Bisher liegen vor:

Dramen in ihrer Epoche
Herausgeber: Dietrich Steinbach
Klettbuch 39927, 158 Seiten
Beiträge zu folgenden Werken:
Nathan der Weise, Der Hofmeister,
Die Räuber, Don Carlos, Iphigenie,
Wallenstein, Prinz von Homburg, Woyzeck,
Die Ratten, Dreigroschenoper, Kasimir und
Karoline, Leben des Galilei, Die Physiker,
Marat-Sade, Germania Tod in Berlin
Verfasser: H. Frericks, S. Gora, A. Haug,
R. Klimmer, T. Kopfermann, V. Sack,
K. Schmidt, D. Steinbach, K. Teichmann,
R. Wannenmacher

Gedichte in ihrer Epoche
Herausgeber: Dietrich Steinbach
Klettbuch 39901, 168 Seiten

Einleitung: Gedichte haben Zeit (D. Steinbach)
Barocklyrik – Geschichtlichkeit und Tradition
(U. Müller)
Lyrik im Sturm und Drang (U. Druvins)
Aspekte romantischer Lyrik (H.-H. Ewers)
Lyrik im Expressionismus (T. Kopfermann)
Brecht und die Folgen (T. Kopfermann)
Zur Geschichte der modernen Lyrik in der
Bundesrepublik: Gedicht und Erfahrung
(D. Wenzelburger)
Schreiben über Gedichte (F. Winterling)

Die Beiträge verbinden eine Interpretation
epochentypischer Texte unter epochenerhellenden
Aspekten mit Vorschlägen für den Unterricht –
entweder implizit, so daß der Aufbau der Arbeit
eine mögliche Unterrichtsreihe andeutet, oder
explizit im Anschluß an den interpretatorischen
Teil.
Schreiben über Gedichte: Bekannte Schwierigkeiten in Klausuren lassen sich vermeiden oder
jedenfalls verringern, wenn die große Aufgabe der
schriftlichen Interpretation vorbereitet wird mit
Teilaufgaben, die das Sprechen über Gedichte
sinnvoll stützen – und wenn für Gedichtvergleiche
geeignete Vorlagen zur Verfügung stehen. Vielerlei
Ratschläge zu Aufgabenformulierungen und eine
größere Zahl von Texten für ergiebige Vergleiche
bietet der letzte Beitrag des Bandes.

Michael Ackermann:
Schreiben über Deutschland im Exil
Irmgard Keun: Nach Mitternacht
Anna Seghers: Das siebte Kreuz
Klettbuch 39904, 56 Seiten

Joachim Bark:
Erzählliteratur in der DDR 1976–1989
Klettbuch 39922, 68 Seiten

Peter Bekes:
Außenseiter
Max Frisch: Andorra
Gotthold Ephraim Lessing: Nathan der Weise
Klettbuch 39915, 45 Seiten

Peter Bekes:
Theater als Provokation
Gerhart Hauptmann: Die Ratten
Heinrich Leopold Wagner: Die Kindermörderin
Klettbuch 39919, 51 Seiten

Peter Bekes:
Verfremdungen
Parabeln von Bertolt Brecht, Franz Kafka,
Günter Kunert
Klettbuch 39921, 49 Seiten

Klaus-Michael Bogdal:
Geschichte in der Erzählung
Heinrich von Kleist: Michael Kohlhaas
Friedrich Schiller: Der Verbrecher aus
verlorener Ehre
Klettbuch 39908, 32 Seiten

Siegmund Geisler / Andreas Winkler:
Entgrenzte Wirklichkeit
E. T. A. Hoffmann: Der Goldne Topf
Ludwig Tieck: Der blonde Eckbert
Klettbuch 39909, 63 Seiten

Wilhelm Große:
Überwindung der Geschichte
Johann Wolfgang Goethe: Egmont
Friedrich Schiller: Don Carlos
Klettbuch 39913, 53 Seiten

Peter Haida:
»Freiheit« – das neue Lied
Heinrich Heine: Deutschland.
Ein Wintermärchen
Johann Nestroy: Freiheit in Krähwinkel
Klettbuch 39903, 49 Seiten

Ernst Klett Schulbuchverlag
Postfach 10 60 16, 70049 Stuttgart

Peter Haida:
Kritik und Satire im Lustspiel
Georg Büchner: Leonce und Lena
Gotthold Ephraim Lessing:
Minna von Barnhelm
Klettbuch 39923, 59 Seiten

Peter Haida:
Die Obrigkeit in der Komödie
Gerhart Hauptmann: Der Biberpelz
Heinrich von Kleist: Der zerbrochne Krug
Klettbuch 39916, 55 Seiten

Brigitte Hauger:
Kontroverse Zeitgenossen
Georg Büchner: Lenz
Joseph von Eichendorff:
Aus dem Leben eines Taugenichts
Klettbuch 39912, 58 Seiten

Brigitte Hauger:
Individualismus und aufklärerische Kritik
Johann Wolfgang von Goethe:
Die Leiden des jungen Werther
Friedrich Nicolai: Freuden des jungen Werthers
Klettbuch 39911, 62 Seiten

Bertold Heizmann:
Der irritierte Bürger
Theodor Fontane: Frau Jenny Treibel
Wilhelm Raabe: Stopfkuchen
Wilhelm Raabe: Zum Wilden Mann
Klettbuch 39905, 47 Seiten

Bertold Heizmann:
Der Traum vom Künstler
Johann Wolfgang von Goethe: Torquato Tasso
Heinrich von Kleist:
Prinz Friedrich von Homburg
Klettbuch 39917, 56 Seiten

Thomas Kopfermann:
Bürgerliches Selbstverständnis
Friedrich Hebbel: Maria Magdalene
J. M. R. Lenz: Der Hofmeister
Friedrich Schiller: Kabale und Liebe
Klettbuch 39918, 88 Seiten

Thomas Kopfermann:
Soziales Drama
Georg Büchner: Woyzeck
Gerhart Hauptmann: Die Weber
J. M. R. Lenz: Die Soldaten
Friedrich Wolf: Cyankali
Klettbuch 39907, 72 Seiten

Gabriele Malsch:
Lyrik des jungen Goethe
Klettbuch 39926, 59 Seiten

Volker Sack:
Gegenbilder
Johann Wolfgang von Goethe:
Iphigenie auf Tauris
Friedrich Hebbel: Maria Magdalene
Klettbuch 39914, 55 Seiten

Volker Sack:
Identitätskrisen
Heinrich von Kleist: Die Marquise von O...
Arthur Schnitzler: Die Flucht in die Finsternis
Klettbuch 39924, 61 Seiten

Volker Sack: Zeitstück und Zeitroman in der Weimarer Republik
Ödon von Horváth: Kasimir und Karoline
Irmgard Keun: Das kunstseidene Mädchen
Klettbuch 39902, 41 Seiten

Gertrud Schänzlin:
Frauenbilder
Ingeborg Drewitz: Gestern war Heute
Theodor Fontane: Effi Briest
Barbara Frischmuth: Erzählungen
Heinrich Mann: Eugénie
Klettbuch 39906, 38 Seiten

Gertrud Schänzlin:
Kurzprosa seit 1970
Bundesrepublik Deutschland · Österreich · Schweiz
Klettbuch 39 928, 44 Seiten

Gertrud Schänzlin:
Lebensversuche von Frauen
Ingeborg Drewitz: Oktoberlicht oder Ein Tag im Herbst
Theodor Fontane: Mathilde Möhring
Marlen Haushofer: Die Wand
Klettbuch 39925, 44 Seiten

Dietrich Steinbach:
Geschichte als Drama
Georg Büchner: Dantons Tod
Heiner Müller: Germania Tod in Berlin
Friedrich Schiller: Wallenstein
Klettbuch 39920, 51 Seiten

Ernst Klett Schulbuchverlag
Postfach 10 60 16, 70049 Stuttgart

ARBEITSMATERIALIEN

DEUTSCH
FÄCHERVERBINDENDER UNTERRICHT

Herausgeber: Dietrich Steinbach

Zwei Gesellschaftsromane im 19. Jahrhundert

Effi Briest und Madame Bovary

Deutsch/Französisch

Bearbeitet von Astrid Gathmann und Hans-Dieter Schwarzmann

Schülerheft
64 Seiten   Klettbuch **35028**
Lehrerheft
56 Seiten   Klettbuch **350283**

Die Französische Revolution 1793/94

Geschichte/Französisch/
Deutsch/Bildende Kunst

Bearbeitet von Konrad Plieninger/
Monika Beutter/Dietrich Steinbach/
Helmuth Kern

Schülerheft
80 Seiten   Klettbuch **35029**
Lehrerheft
60 Seiten   Klettbuch **350293**

Transit
Exil in Frankreich

Deutsch/Französisch
Bildende Kunst

Bearbeitet von Hans-Ulrich Staiger/
Hans-Dieter Schwarzmann/
Helmuth Kern

Schülerheft
72 Seiten   Klettbuch **35034**
Lehrerheft
                   Klettbuch **350343**

Ernst Klett Schulbuchverlag
Stuttgart Düsseldorf Berlin Leipzig